中国近代史学文献丛刊

王　东　李孝迁／主编

中国历史（上卷）

横阳翼天氏／编译

李孝迁／整理

上海古籍出版社

上海高校服务国家重大战略出版工程

上海市教育委员会科研创新计划重大项目
"重构中国：中国现代史学的知识谱系（1901-1949）"
（2017-01-07-00-05-E00029）

上海市曙光计划项目"晚清民国中小学历史教科书研究"（15SG25）

普通學教科書
第一編

中國歷史 上

東新譯社編纂

《中国历史》（上卷）书影

曾鲲化肖像

丛刊缘起

　　学术的发展离不开新史料、新视野和新方法，而新史料则尤为关键。就史学而言，世人尝谓无史料便无史学。王国维曾说："古来新学问之起，大都由于新发现。"无独有偶，陈寅恪亦以为"一时代之学术，必有其新材料与新问题"，取用此材料，以研求问题，则为此时代学术之新潮流；顺此潮流者，谓之预流，否则谓之未入流。王、陈二氏所言，实为至论。抚今追昔，中国史学之发达，每每与新史料的发现有着内在联系。举凡学术领域之开拓、学术热点之生成，乃至学术风气之转移、研究方法之创新，往往均缘起于新史料之发现。职是之故，丛刊之编辑，即旨在为中国近代史学史学科向纵深推进，提供丰富的史料支持。

　　当下的数字化技术为发掘新史料提供了捷径。晚近以来大量文献数据库的推陈出新，中西文报刊图书资料的影印和数字化，各地图书馆、档案馆开放程度的提高，近代学人文集、书信、日记不断影印整理出版，凡此种种，都注定这个时代将是一个史料大发现的时代。我们有幸处在一个图书资讯极度发达的年代，当不负时代赋予我们的绝好机遇，做出更好的研究业绩。

　　以往研究中国近代史学，大多关注史家生平及其著作，所用材料以正式出版的书籍和期刊文献为主，研究主题和视野均有很大的局限。如果放宽学术视野，把史学作为整个社会、政治、思潮的有机组成部分，互相联络，那么研究中国近代史学所凭借的资料将甚为丰富，且对其也有更为立体动态的观察，而不仅就史论史。令人遗憾的是，近代史学文献资料尚未有系统全面的搜集和整理，从而成为学科发展的瓶颈之一。适值数字化时代，我们有志于从事这项为人作嫁衣裳的事业，推出《中国近代史学文献丛刊》，计划陆续出版各种文献资料，以飨学界同仁。

丛刊收录文献的原则:其一"详人所略,略人所详",丛刊以发掘新史料为主,尤其是中西文报刊以及档案资料;其二"应有尽有,应无尽无",丛刊并非常见文献的大杂烩,在文献搜集的广度和深度上,力求涸泽而渔,为研究者提供一份全新的资料,使之具有长久的学术价值。我们立志让丛刊成为相关研究者的案头必备。

这项资料整理工作,涉及面极广,非凭一手一足之力,亦非一朝一夕之功,便可期而成,必待众缘,发挥集体作业的优势,方能集腋成裘,形成规模。华东师范大学历史学系,在史学理论与史学史研究领域有着长久深厚的学术传统,素为海内外所共识。我们有责任,也有雄心和耐心为本学科的发展贡献绵薄之力。在当下的学术评价机制中,这些努力或许不被认可,然为学术自身计,不较一时得失,同仁仍勉力为之。

欢迎学界同道的批评!

"结构种魂":横阳翼天氏《中国历史》研究

——代前言

　　辛亥前十年,在数量种类繁多的国史教科书之中,被现今研究者时常论及的主要有三种:横阳翼天氏(曾鲲化)、①夏曾佑、刘师培之作,②皆未写完,以曾书出版最早。夏刘二氏教科书一直在研究者视野之内,而曾氏《中国历史》自民国初年之后渐被世人所遗忘。直至1982年,已故学者俞旦初最先发现曾书,首次将其作为二十世纪初年实践新史学方案之一加以论述,搜集了各种出书广告,对该书的特点也有所讨论。③此后研究者多依据俞旦初成果转相引用,使曾书的知名度大为提升。然而,曾书存世稀少,一般研究者多无缘得见其面目,故对此书整体面貌的认识依旧不清晰、不准确,认识水准长期停留在俞旦初阶段。笔者认为有必要在俞旦初的基础上对曾书作专题研究,但这并非表示它的学术价值比夏刘二书高,而在于它比后者更能说明辛亥前十年国史改造的基本取径,在同类文本中更具示范意义。因此,本文利用明治时期出版的各种支那史、东洋史教科书,以及近代中国出版的各种国史

---

①　曾鲲化(1882—1925),字挎九,湖南新化人,1901年获取官费生资格,留学日本东京,创办东新译社,入同盟会。初志陆军,后改治铁路学,考入岩仓铁道学校。1906年回国,在铁道部任职。辛亥后任交通部路政司长、京汉铁路管理局局长、交通史编纂委员会总纂。1921年在北京创办中华统计学会,担任会长。撰《中国铁路现势通论》(化华铁路学社,1908年)、《统计学教科书》(上海群益社,1913年)、《中国铁路史》(燕京印书局,1924年),编译《中国历史》(东新译社,1903年),译《经济统计》(美国斯密史著)。关于"横阳翼天氏"和"曾鲲化"需略加说明。"横阳"是地名,是湖南省新化县下的一个区。"翼天""鲲化""挎九",皆出典《庄子·逍遥游》:"北冥有鱼,其名为鲲。鲲之大,不知其几千里也。化而为鸟,其名为鹏。鹏之背,不知其几千里也;怒而飞,其翼若垂天之云。……鹏之徙于南冥也,水击三千里,抟扶摇而上者九万里,去以六月息者也。"曾氏或好《庄子》,"翼天"取自"其翼若垂天之云",《中国历史》有"鲲鹏图南,九万里而一息",亦出典《庄子·逍遥游》。

②　夏曾佑《最新中学教科书中国历史》三册,迄于隋朝,商务印书馆1904—1906年出版;刘师培《中国历史教科书》三册,迄于西周,国粹学报馆1905—1906年出版。

③　俞旦初:《二十世纪初年中国的新史学思潮初考(续)》,《史学史研究》1982年第4期,第71、74—76页。

教科书,结合图像史料(包括徽章)等,尝试全面论述曾书的背景、史源、宗旨和影响,给它作出准确的定位。

一、背　　景

　　曾鲲化《中国历史》出版于 1903 年日本东京,其成书背景可概括为三方面:第一,日本明治以来所出版的支那史、东洋史教科书。明治之前的史学名著,源光国《大日本史》、源松苗《国史略》、赖山阳《日本政记》和《日本外史》等,皆弦诵遍乎家户,模仿中国"编年""纪传""本末"等体裁,接受儒家正统史观,且用汉文撰写,所谓"日本史学"不过是中国史学的旁支或附属品,与中国旧史无异,[①]"开其编而读之,旌忠表烈,褒节殚义,溢篇盈幅,连纸骈简,而推究其所以然,不外乎奴一姓、捍一族、崇一人之腐败之劣质,以社会之大、民族之众,而以彼一姓一族一人而统括之,私矣小矣夸矣误矣"。[②]明治以来,日人学西语者益多,译著新书陆续出版,如英国巴克尔(Henry Thomas Buckle,1821—1862)《英国文明史》(*History of Civilization in England*,1857—1861)、法国基佐(F.P.G.Guizot,1787—1874)《欧洲文明史》(*Histoire générale de la civilisation en Europe*,1828)以及英国斯宾塞(Herbert Spencer,1820—1903)的社会进化论相继传入日本,广受读书人欢迎,"谈史则曰勃克尔,论社会法则曰斯边撒",[③]渐革史学界之旧习,著史必纪其有关社会之大者。

　　日本读书人一旦阅读西方新史,自然会比较之前本国的史著,发现两者差距甚大,福泽谕吉批评:"直到目前为止,日本史书大都不外乎说明王室的世系,讨论君臣有司的得失,或者像说评书者讲述战争故事那样记载战争胜负情况。就是偶尔涉及与政府无关的事,无非是记载一些有关佛教的荒诞之说,是不值得一看的。总而言之,没有日本国家的历史,只有日本政府的历史。"[④]福泽曾发愿要写一部日本通史,但仅留

① 　缪凤林:《大学丛书本国史两种》,《图书评论》第 2 卷第 8 期,1934 年 4 月 1 日,第 3 页。
② 　赵必振:《日本维新三十年史·序》(壬寅五月),广智书局,1902 年。
③ 　田口卯吉:《支那开化小史》,宫川仁吉,1888 年,卷末末广重恭跋语(1883 年 10 月)。
④ 　福泽谕吉:《文明论概略》,商务印书馆,1959 年,第 137 页。

数页提纲便搁笔。数年之后，田口卯吉则先后完成《日本开化小史》（1877—1881，东京书林 1883 年发行合刊本）、《支那开化小史》（1883—1888，东京秀英舍 1888 年发行合刊本）。1880—1890 年代日本出现撰史高潮，不论是以文明史或开化史命名的中国史和日本史，还是出于教学需要所编写的日本史、支那史、东洋史教科书，大多抛弃儒家思想影响下详述君王之兴废、战争之胜败的一朝一代之君史，采用"文明史体"，注意社会进化之故，"考究事之得失，论断其是非，详覈原因结果之迹，叙述文物风教"。①此外，日本学人接受文明史观，不仅批评日本旧史，也批判中国传统史学，大体谓中国史籍所载不过王朝兴亡之事，不及社会之事，深刻影响了二十世纪初年中国新史学。

曾氏留学日本时期，日本史学界的主流是承袭德国兰克史学的史料辨析方法和清代考证学的功夫，进入专题研究阶段，并不是撰写通论性史著。当时中国留日生对日本史学界的前沿动态并不熟悉，所接触的尽是一些通俗教材，而不是专题论文。哪怕像梁启超这等人物，眼光同样不免受时代的知识语境局限，所见大多为普及性的历史读物，初到日本读得最多的就是这类书籍。曾氏编译《中国历史》之所以大量取材日人所编支那史、东洋史教科书，与梁启超等留日学人一样，共享了明治以来支那史、东洋史教科书的思想遗产，接受"文明史体"，抛弃传统史学以政治史为中心的"叙事史体"。

第二，世纪之交的中国新史学。正如日本读书人在明治前后经过西洋新史的洗礼，脑筋为之一变，再也看不起日本、中国的旧史一样，②当年中国读书人也是因为接触到域外新史，尤其是来自日本的各种历史教科书，开始反思批判传统史学。梁启超提出旧史"四弊二病三恶果"，成为时人耳熟能详的语录，得到广泛传布。梁氏之所以认为旧史可弃，是因为他接触到日人所编历史读本，其所叙述之内容和体例，皆不同于中国旧史，有了一种比较视野之后，他主张："夫所贵乎史者，贵其能叙一群人相交涉相竞争相团结之道，能述一群人所以休养生息同

---

① 泰东同文局编译：《西国新史》，泰东同文局，1906 年，第 2 页。
② 日本学人说："余少年专力读支那历史，尔来二十余年每读西洋开化史，少年记忆上心头，对照彼此，有所发明。"（田口卯吉：《支那开化小史》，第 326—327 页，天头）

体进化之状,使后之读者爱其群、善其群之心油然生焉。"①在梁氏看来,"今史家多于鲫鱼,而未闻有一人之眼光能见及此者,此我国民之群力、群智、群德所以永不发生,而群德终不成立也",也是"吾国进化迟缓之一原因"。他认为"今日欲提倡民族主义,使我四万万同胞强立于此优胜劣败之世界",非动员全体国民不能救国于危难,而要动员全体国民,"则本国史学一科,实为无老无幼、无男无女、无智无愚、无贤无不肖所皆当从事,视之如渴饮饥食一刻不容缓者也"。此国史非传统帝王家谱式的历史,乃为国民写的国民历史。因此,梁氏大声疾呼:"呜呼,史界革命不起,则吾国遂不可救。悠悠万事,惟此为大。《新史学》之著,吾岂好异哉? 吾不得已也。"②为此,梁氏"愿与同胞国民,筚路蓝缕,以辟此途",立志要为国民写一部中国通史。然而,此事"责任至重,而其成就至难",③正如同福泽谕吉要为日本国民写一部日本通史一样,他们俩都虎头蛇尾,最后不了了之,反而田口卯吉完成《日本开化小史》,而中国最初由曾氏编译了这部未尽的《中国历史》,算是聊胜于无。

　　曾氏与梁氏同为当时新史学的推动者,然与梁氏举其大纛却未见落实不同,曾氏分享了那个时代的思想资源,将新史学思想化为具体的历史作品,向世人慷慨激昂宣布"中国历史出世"了。曾氏认为中国积贫积弱,历代史家难辞其咎,在他看来,史家之天职,应该"记录过去、现在人群所表现于社会之生活运动,与其起原、发达、变迁之大势,而纪念国民之美德,指点评判帝王官吏之罪恶,使后人龟鉴之圭臬之,而损益而调剂而破坏而改造而进化者也",然而史家们却做了些什么呢?"宝其一毛而瓯脱其全体,尊其肉块而敝蓰其精魂,甚或牺牲其全部,锄之芟之摧之辱之,以至禁锢之驱逐之杀戮之,徒萃精荟神,效死力于专制君主,以尽奴颜婢膝之本领,指盗贼为圣神,指僭逆为天命,指野蛮为君后,断断于正统偏安之争,皇皇鼎革前后之笔,崇拜千百奇妖魔鬼,以奴隶神明贵胄之无量数美男儿,汇积累累串珠之墓志铭,而龙断国民活动荣耀的大历史"。所以曾氏愤怒地说:"吁嗟! 吁嗟! 其尚得曰中国有

---

① 梁启超:《新史学》,《饮冰室合集》文集之九,中华书局,1989 年,第 3 页。
② 梁启超:《新史学》,《饮冰室合集》文集之九,第 7 页。
③ 梁启超:《新史学》,《饮冰室合集》文集之九,第 11 页。

历史乎？何配谭有中国历史乎？"①曾氏友人宋教仁更直截了当说汉族之所以"成此弱劣之民族者，即此数千年腐败之历史，为其制造厂焉"。②曾鲲化要尽国民之义务，"为我国民打破数千年腐败混杂之历史范围，掀拔数千年根深蒂固之奴隶劣性，特译述中国历代同体休养生息活动进化之历史，以国民精神为经，以社会状态为纬，以关系最紧切之事实为系统，排繁冗而摘要言，革旧贯而造新体，寻生存竞争、优胜劣败之妙理，究枉尺直寻、小退大进之真相。轩文轾野，去锈发莹，以为我国自古以来血脉一统之庞壮国民，显独立不羁、活泼自由之真面目"。③

　　第三，新式学校需要新式历史教科书。1902 年和 1903 年，清政府先后颁布《钦定学堂章程》和《奏定学堂章程》，中小学均有历史一科，需要讲授中国历史。那么，首先就面临教材问题。中国传统不乏蒙童读物，如《十七史蒙求》《纲鉴易知录》《十八史略》等，然而用新史学思想来审视，则都不能叫历史，"书契以来至于今日，历史之著述，自官定史鉴及私家志乘，汗牛充栋，毕世不能举其业。然纪传之属详于状个人，而疏于谈群治，编年之作便于检日月，而难于寻始终。要之，事实散漫，略无系统，可以为史料，不可以为历史"。④以清代吴乘权等辑《纲鉴易知录》为例，从《三皇纪》到《元纪》共 92 卷，别有《明纪》15 卷，合起来 107 卷，上起盘古，下迄明末，约 180 万字。如此大的篇幅，就教科而言，显然不合适；就内容来说，每朝分别以帝王先后叙述，以政治事件为主，"大半是无谓陈言，不合教科"，⑤或"宜于浏览，而不宜于教科"。⑥梁启超从读者接受的角度，对旧史有深刻检讨，难读、难别择、无感触，"虽尽读全史，而曾无有足以激厉其爱国之心，团结其合群之力，以应今日之时势而立于万国者"。⑦

　　当时各地学堂雨后春笋般出现，国史教本旧者既不合用，新者又未

---

① 曾鲲化：《中国历史出世辞》，《中国历史》（上），东京东新译社，1903 年，第 2—3 页。
② 宋教仁：《汉族侵略史·叙例》，陈旭麓主编：《宋教仁集》上册，中华书局，1981 年，第 3 页。
③ 曾鲲化：《中国历史出世辞》，《中国历史》（上），第 3—4 页。
④ 汪荣宝：《本朝史讲义·绪论》，京师学务处官书局，1906 年，参见刘开军编校：《京师大学堂历史讲义合刊》，上海古籍出版社，2018 年，第 147 页。
⑤ 戴克敦、钱宗翰编：《绘图中国白话史·绪言》，上海彪蒙书室，1905 年。
⑥ 涉园主人：《中国历史教科书·序》，商务印书馆，1903 年。按，涉园主人即张元济。
⑦ 梁启超：《新史学》，《饮冰室合集》文集之九，第 6 页。

能急就,趋新学人遂多以"东籍"为"枕中鸿秘",为"识途老马",千余年来为我国附庸的日本史学界凭藉几册教科书,竟反奴为主,从附庸蔚为盟主。[①]王舟瑶谓:"中国旧史病在于繁,不适时用。日人新编较为简要,且多新识,如桑原隲藏之《东洋史要》,田中萃一郎之《东邦近世史》,市村瓒次郎、泷川龟太郎之《支那史》,那珂通世之《支那通史》,河野通之、石村贞一之《最近支那史》,田口卯吉《支那开化小史》,白河次郎、国府种德之《支那文明史》,皆足备览。惟以外国人而编中国史,则又病于太略,且多舛误,有志者能自为一书则善矣。"[②]直接从日本引进支那史、东洋史教科书以充急用,其流弊则甚明,"近年以来,稍稍有历史课本出,然大都取日本成书点窜一二以为之,颇有伤于国民之感情,谈教育者时以为憾",[③]或谓:

> 顾近岁以来,各学堂多借东邦编述之本,若《支那通史》,若《东洋史要》,以充本国历史科之数。夫以彼人之口吻,述吾国之历史,于彼我之间,抑扬不免失当。吾率取其书用之,勿论程级之不审,而客观认作主位,令吾国民遂不兴其历史之观念,忘其祖国所自来,可惧孰甚。[④]

1904 年同文社也认为:"教科书者,养育国民之乳也。取他国之成,编以为课本,何异雇东邻之乳母,育西邻之小孩乎?"[⑤]中国读书人在阅读日人教科书过程中,开始模仿、改编,逐渐熟悉如何取材,如何谋篇布局,如何叙述,不断调整表述口吻、解释立场、史实详略取舍,以适宜中国读者的需要。

二十世纪初年,国史教科书不论体例还是内容,多取鉴于日本支那史、东洋史教科书。曾氏《中国历史》是当时编译东籍潮流中的一种。他痛感"现今通常编译社之组织不下数十矣,然或草率编纂,无优美完全之价值,或译外国教科书,以充国民读本,皆于学界之进化、国魂之发达无丝毫影响,而反生大障碍者也",于是在东京创办东新译社,立志

---

① 缪凤林:《大学丛书本国史两种》,《图书评论》第 2 卷第 8 期,1934 年 4 月 1 日,第 4 页。
② 王舟瑶:《京师大学堂中国通史讲义》,刘开军编校《京师大学堂历史讲义合刊》,第 60 页。
③ 《最新高等小学中国历史教科书》,《东方杂志》第 1 期,1904 年 3 月 11 日。
④ 丁宝书:《蒙学中国历史教科书·编辑大意》,文明书局,1903 年,第 1 页。
⑤ 《同文社黄著蒙学教科书十六种》,《时报》1904 年 11 月 24 日,第 1 张第 1 页。

"就我国之性质上习惯上编辑中学校各种教科书,熔铸他人之材料而发挥自己之理想,以激动爱国精神、孕育种族主义为坚确不拔之宗旨"。①曾书原计划出版上中下三卷,目前所见仅上卷,迄于战国秦统一中国,发行所是东京东新译社,1903 年 1 月 1 日印刷,1903 年 3 月 24 日发行。中卷从秦一统写至五代之分裂,计划于 1903 年 6 月出版,②据说已刊,③但迄今为止,尚未发现中卷正式出版。

二、史　　源

曾氏《中国历史》如何"熔铸他人之材料"呢? 他有所说明:

> 博选东西洋名家所著支那历史、东洋历史,及有关于一部分之希腊、罗马、俄罗斯诸历史,或一时代之实录、纪行等,中国《四库》所储之正史、编年、纪事本末、政书、杂史、传记、地志、学史、史论、外史、考据、注释种种历史,及现今著名之杂志等,凡足供参考者,胥熔一炉而冶之,以增五光十色之特彩。④

东新译社刊登书籍广告则谓"其材料精选东西洋名著支那历史二十余种,及中国诸类朝史野史,上自古碑石记,下至昨日新闻,莫不一一搜罗而熔铸之",⑤正文署名"横阳翼天氏编译"。

曾鲲化如何制作《中国历史》? 首先,就体例来说,则仿日本支那史和东洋史教科书。晚清出版的很多国史教科书篇首往往以论地理、人种始,这并非中国所独有,而是日人教科书的惯常做法,参见下表。曾氏在"体裁之界说"说明叙事分为两线,"一叙社会大势之成行,一记社会开化之事迹",即先写政治史后写文明史(文化史),而文明史又分为:政治(官制、法制、学制、选举、兵制、币制、税制)、学术(语言、文字、数学、天文学、历法、地理、哲学、卜筮、礼仪、音乐、医药、典籍)、宗教、美术

---

① 《东新译社开办之原由及其特质》,《中国历史》(上)书后附页。
② 俞旦初认为曾氏《中国历史》中卷出版于 1904 年,有误。(俞旦初:《二十世纪初年中国的新史学思潮初考(续)》,《史学史研究》1982 年第 4 期,第 76 页)
③ 《中国文明发达史》(东京东新译社,1903 年)书后附页"《中国历史》中卷已刊广告"。
④ 曾鲲化编译:《中国历史内容重点》,《中国历史》(上),第 1 页。
⑤ 《中国文明发达史》书后附页"《中国历史》(上卷)出书广告"。

（印刷、绘画、建筑、器物、军械）、风俗（食物、衣服、住居、婚姻、丧葬、祭祀）、实业（农业、工业、商业），每一细目都有详略不等的叙述。这是明治时期诸多日本支那史、东洋史特有的架构。曾书"仿泰东泰西文明史及开化史例，分通部为若干编，编区以章，章画以项，项附以节，编界一大世变，章界一小时变，而项多系一事，节概限一意，提纲挈领，脉络厘然"，[①]正是机械模仿日人教科书的做法。曾书在太古纪和上古纪末章安排"国势要览"，以科学发明表、大事一览表、帝王承统表形式呈现，尤其前二表，则仿山本赖辅《新体支那史》（精英堂，1893年）。此外，曾书以"国史氏曰"形式发表评论，就是他所说的"叙述体例，一面为纪事本末的，一面为批评推断的，单刀赤手，出入古今"。[②]这种做法参照北村三郎《支那帝国史》（东京博文馆，1890年）。北村即以"野史氏曰"，以落实他在"凡例"中提出：一面采用纪事本末体裁，一面采用批评的体裁，不为前贤旧说所拘泥，"单刀赤手，论断古今"。[③]所谓"野史氏曰"或"国史氏曰"此种编史体例，在中国传统史学很常见，如"太史公曰""臣光曰"，对中国读书人来说并不陌生，日人显然是模仿中国旧史。但是，曾氏的做法不是承袭中国传统，他直接模仿的对象是日人教科书，不仅在体例，"国史氏曰"的内容有的也编译自"野史氏曰"。

中国历史	支那通史	支那帝国史	新体支那历史	支那史	新体支那史	中等东洋史
第一章历史之要质 第二章地势略说 第三章人种略说 第四章历代兴亡盛衰通论	第一章地理概略 第二章人种之别 第三章朝家屡易	第一章支那国势通论 第二章地势略说 第三章人种略说 第四章历代兴亡盛衰通论	第一章序论 第二章地理及制度风俗等概略	第一章地志 第二章人种	第一章地理略说 第二章人种略说	第一章东洋史学之定义及范围 第二章地势 第三章人种 第四章时代之分割

其次，就内容来说，"博选"众多日本支那史、东洋史著作，加以重新编排，以"发挥自己之理想"。曾书虽谓取材"支那历史二十余种"，[④]但

---

①②　曾鲲化编译：《中国历史内容重点》，《中国历史》（上），第5页。
③　北村三郎：《支那帝国史·凡例》，东京博文馆，1890年，第3、4页。
④　《中国文明发达史》书后附页《中国历史》（上卷）出书广告。

并无明示,若要一一坐实确定,难度极大。经笔者考证,曾氏至少取材以下诸种日人书籍。下文将以文本比对的方式,每种日人书籍举证一二例,以直观说明两者关系。

(一)田口卯吉《支那开化小史》(经济杂志社,1887年)。田口严厉批判中国专制政治,对曾氏有莫大的影响。曾氏在《中国历史》留下了《支那开化小史》的痕迹,如谓:"初禹之未即位也,尝助舜翼赞其一统之业,其足迹遍于天下。及为天子……渐举中央集权之实,屡巡行四方,以镇压诸侯。及于末年,天子势力始强盛。其结果也,禹照尧舜之例,不传位于其子而让于益,而诸侯不服,朝觐讴歌者,不之益而之禹之子启,曰吾君之子也。自是以后,天子之位,永传于其子,成世袭政治之基。"①此文摘译自《支那开化小史》第18—20页。

(二)那珂通世《支那通史》(中央堂,第1册初版于1888年)。在政治史方面,曾氏对那珂之书取材颇多。曾氏说:"中国者,惯于革命之国也。创世以来数千年,屡经朝家之兴亡,国号随变,无一定之称,其民间口号最古者曰中国。黄帝一统以来,已有此名。盖太古国民,以为位世界之中央,故取世界主义之名词,表其目的。"②此脱胎于《支那通史》第1页"其地屡经朝家之兴亡,国号随变,无一定之称,国人自称曰中国,盖以为居天下之中也"。曾氏谓:"中国诸侯,古称万国,其初不过族长部酋也,历世相兼并,渐生大国。"③此句除了将"支那"改为"中国",直接取自《支那通史》第15页。曾书"阴阳五行之僻说"一节,除了首句"中国学术发达之所以迟缓者,阴阳五行之僻论,亦为最大之原因",其余文字包括"五行配当图",④摘编自那珂《支那通史》第四章《阴阳五行之说》(第42—44页)。

(三)北村三郎《支那帝国史》(东京博文馆,1890年)。该书总叙第四章《歷代ノ興亡盛衰ヲ論ズ》被曾书首编总叙第四章《历代兴亡盛衰通论》所译,甚至"国史氏曰"文字也部分取自《支那帝国史》。兹比对一组文字:

---

① 曾鲲化编译:《中国历史》(上),第74—75页。
② 曾鲲化编译:《中国国号变迁纪实》,《中国历史》(上),第1页。
③ 曾鲲化编译:《中国历史》(上),第93页。
④ 曾鲲化编译:《中国历史》(上),第193—194页。

　　　　国史氏曰:自晋至南北朝之间,我国黑暗之初期也。大地之
　　　上,种族与种族战,种族之中,帝王与帝王战,垒涌峰起,演出杀人
　　　如麻之惨剧。(曾鲲化:《中国历史》,第 26 页)
　　　　抑モ晋ヨリ南北朝ノ间、群雄割據ノ勢ヲ成シ人種ハ人種ト
　　　相競争シ、帝王ハ帝王ト相競争シ、禍乱相踵キ、一波未タ平ガザ
　　　ルニ、一波随テ起リ。(《支那帝国史》,第 53—54 页)

曾书关于"秦穆之独立"小节之末"国史氏曰":"秦穆公以西陲建独立大
国,历史家皆称其收揽天下伟人为顾问官所致,然自其社会情形观之,
皆陆军发达之结果也。读《秦风・无衣》之诗,其国民尚武之精神,爱国
之热肠,溢于眉宇,正与斯巴达爱国歌相埒,可知秦之崛兴,乃国民武士
道之膨胀力,非一穆公一百里奚等之脑筋所能制造也。"①这段评论综
合了《支那帝国史》第 106 页正文"野史氏曰"和天头小山正武(号米峰)
的文字。米峰曰:"《秦风・无衣》之诗,其人民尚武爱国之精神凛凛乎
溢于纸端,与马耳塞歌、独逸祖国谣正相伯仲,千载之下使读者听者奋
起焉。秦国君臣之励精英迈、坚忍远略,实非一朝一夕之故也。"两相比
较,曾氏何以如此评论秦穆公便豁然开朗,他只是添加了"陆军发达之
结果",以"斯巴达爱国歌"替换"马耳塞歌、独逸祖国谣",将上述两段文
字稍作加工,便制作成他的"国史氏曰"评论。事实上,曾书带有史论性
质的文字,大多取自《支那帝国史》,如墨子为"今日虚无党之远祖",②
韩非"其说斩新奇拔,适于时势,文章亦极其精刻",③均见《支那帝国
史》第 143、146 页。

　　(四) 明石中和《新体支那历史》(大仓保五郎,1891 年)。曾氏主
要以此书为蓝本,参酌其他史籍,编译成《中国历史》。曾氏说:"周室既
衰,政府之实权坠地,天下之诸侯益逞其势力,诸种之外族益恣其欲心,
杀伐战斗,攘夺并吞,纷纷藉藉,而永久之间,无统一之局,是为春
秋。"④此句译自《新体支那历史》第 101—102 页:"周室既に衰へ、政府
の權地に墜ると俱に、天下の諸侯は、愈益其勢力を逞ふし、諸種の蠻

---

① 曾鲲化编译:《中国历史》(上),第 107 页。
② 曾鲲化编译:《中国历史》(上),第 182 页。
③ 曾鲲化编译:《中国历史》(上),第 184 页。
④ 曾鲲化编译:《中国历史》(上),第 93 页。

族は、愈益其慾心を恣にし、殺伐戰鬪、攘奪併呑、紛々藉々として、永久の間、統一する所なかりしなり。"此书插图颇多,许多被曾氏所采用。

（五）市村瓒次郎、泷川龟太郎合著《支那史》（吉川半七,1892年）。曾书"上古人民之气质"一节,综合了明石《新体支那历史》第181页"风俗"和市村瓒次郎、泷川龟太郎合著《支那史》第131—132页"人民之气质",仅增添《礼记》云云。如曾氏谓"楚人轻果,秦人劲武,齐人儇慧",[1]即译自《支那史》第132页"齊人の儇慧なる秦人の劲武なる楚人の輕果なる"。此外,曾氏还参考了市村瓒次郎《支那史要》（吉川半七,1895年）。曾氏所列"晋所灭之国名""楚所灭之国名",不见于《支那史》,却在《支那史要》第17页。

（六）山本赖辅《新体支那史》（精英堂,1893年）。此书也是曾氏制作文本的重要来源之一。曾书《太古文明史》一章讲"官制"一小节译自山本《新体支那史》第17页,包括官制组织图也被曾氏采用。曾书"东西洋各国交涉之发端"一节译自《新体支那史》第40—41页《外国交通》一章。曾书"社会之自由空气与学派之竞争风潮"一节编译自《新体支那史》第52—53页第七章《戰國ノ氣質》和第八章《學派ノ勃興》。

（七）桑原隲藏《初等东洋史》（大日本图书株式会社,1899年）和《中等东洋史》（大日本图书株式会社,1898年）。曾书"贵族专横之原因及春秋之终局"一节云:

> 周自东迁以来,虽无复天子之实权,然春秋之初,犹有文武余然,且距宣王中兴不远,故天子尚存几分威严,受天下尊敬。凡诸侯图独立者,必藉言尊王,以收民心。及周室衰,无恢复维持之望,天下大权,乃悉归于大诸侯,各抱统一天下之希望。由弱肉强食之结果,渐致膨胀,于是搏搏神州,无一人唱尊王之说,全为大诸侯竞争之舞台。[2]

这段文字源出桑原《初等东洋史》第14页:

---

[1] 曾鲲化编译:《中国历史》（上）,第202页。
[2] 曾鲲化编译:《中国历史》（上）,第121页。

> 周は東遷の後、天子の實權なかりしも、尚ほ幾分の威嚴を存
して、天下の尊敬を受くるに足りしかば、諸侯も亦必ず王命を請
うて覇者となりしが、其後覇者輩出して、天下の大權悉く大諸侯
に歸せしより、彼等は其勢を負ひ、各王室を倒して、天下を統一
せんこと望みければ、春秋の末世より、戰國の初世にかけて、復
一人の尊王を說く者なく、全く大諸侯競爭の舞臺となれり。

此外，曾氏对《中等东洋史》亦有所取材，如曾书叙述土耳其种文字，不
见于《初等东洋史》，却在《中等东洋史》第 17 页。

（八）白河次郎、国府种德合著《支那文明史》（博文馆，1900 年）。
曾书"文化发源西方"一节介绍拉克伯里（Terrien de Lacouperie，
1844—1894）《中国太古文明西元论》（*Western Origin of the Early
Chinese Civilisation from 2300 B.C. to 200 A.D.*，1894）观点，摘录自
《支那文明史》。《支那文明史》由东新译社 1903 年出版，题名《中国文
明发达史》，曾氏为之作"叙论"，所以他对此书当颇为了解。《支那文明
史》谓"黄帝率其民人来支那土耳其斯坦，然后沿加悉亚河，达于昆仑花
国之东方。花国，即昆仑之名称。花，华也，取其地之丰饶华美，永为后
世之邦土，故其后自称曰'华'"。①这句话被曾氏引申为："华字之起原，
在未辟以前。中国开基祖东渐时，途经昆仑山下，有雄大之邦曰花国，
心醉其隆盛，因记于脑以传其子孙，花与华同，后人继始祖之志，遂称为
华。"②除了改动个别字，曾氏这句话又被刘师培《中国历史教科书》
采用。③

（九）塚越芳太郎《支那历史に於ける地理的影响》。④《清议报》第
100 册（1901 年 12 月 31 日）发表《中国文明与其地理之关系》（署名"日
本停春楼主人"），即是《支那历史に於ける地理的影响》汉译文。此文
影响颇大，被《中国新史学》（镜今书局，1903 年）收录，改题《中国上古
开化影响于地理说》。《台湾日日新报》1902 年 2 月 22 日至 3 月 16 日

---

① 白河次郎、国府种德合著，黑风氏译补：《中国文明发达史》，东新译社，1903 年，第 17 页。日文
本《支那文明史》，第 32 页。
② 曾鲲化编译：《中国国号变迁纪实》，《中国历史》（上），第 1 页。
③ 刘师培：《中国历史教科书》，《刘申叔遗书》下，江苏古籍出版社，1997 年，第 2178 页。
④ 连载于日本《国民之友》第 246—265 号，1895 年 3—10 月。

也转载，改题《清国文明与其地理之关系》。曾书《太古开化与地理之关系》和《上古开化与地理之关系》两章内容基本取自《清议报》汉译文，包括"春秋列强独立地域表"和"七雄峙立地域表"。

（十）坂本健一、高桑驹吉合著《新撰东洋史》（富山房，1901 年）。曾氏对此书的取材主要在插图，目前可以确定的插图有"夏禹治水之碑文"和"秦孝公之像"。

以上诸书（文）多次再版，曾氏所见未必是初版，如桑原《初等东洋史》，在曾氏编史之前有 1899 年、1900 年、1901 年三种版本，前两种皆无插图，1901 年版增加了许多插图，曾氏从中采用若干人物图像，他所参考的是 1901 年版。与曾氏编史处于同时，诸如《支那文明史》《支那史要》《支那史》《支那开化小史》《中等东洋史》皆出现中译本，而被曾氏倚重较多的明石《新体支那历史》和山本《新体支那史》、北村《支那帝国史》，倒长期没有引起中国学界的关注。除了日本教科书，曾氏也取材梁启超《中国史叙论》（1901 年）、《论中国学术思想变迁之大势》（1902 年）。曾氏编史确实博采众多书籍，取其所需，整合成相关论述，并不是编译单一著作。他处理国史有自己的原则，借他人之材料，以"发挥自己之理想"。但是，全书的史实和观点，仍留存了浓厚的日人教科书的痕迹，即使在"国史氏曰"部分，不少文字也是渊源于日人，而非曾氏原创，所以他署名"编译"，盖名实相副也。

最后，就插图来说，多取自不同的日文书籍。日人所编历史教科书经常绘制插图，以增强叙述的趣味性，曾氏应受此启发，谓"绘画肖像在西洋为最重要之科学，尝云累文字万言，不及一片图画。盖其容易感觉，为独　无二之法门。今特博采旁搜，千金索购，以期放一异彩于史界"。[1]曾书插图共 44 幅，为该书一大特色。经对插图作史源的梳理，笔者形成三条判断：其一，曾氏主要从明石《新体支那历史》、山本《新体支那史》、桑原《初等东洋史》（1901 年版）以及坂本健一和高桑驹吉合著《新撰东洋史》取用插图，而日人教科书所绘插图，主要依据明代王圻、王思义编《三才图会》（1609 年）和清代冯云鹏、冯云鹓合辑《金石索》（1823 年）等之类的中国古代像传图籍，有的则想象造作。插图在

---

[1]　曾鲲化编译：《中国历史内容重点》，《中国历史》（上），第 4 页。

不同教科书之间辗转翻版,通常会发生不同程度的变形,然传承关系仍有图可寻。其二,插图是经曾氏一番筛选取舍,并不是随意取用。日人所绘插图若不合曾氏之意,他的惯常做法是"张冠李戴"。关于黄帝肖像,桑原《初等东洋史》1901 年版第 2 页有黄帝像,复制于《金石索》,但曾氏并没有采用,或因不合他对黄帝的想象。曾氏没有采用明石《新体支那历史》汉种像,因此像以清人服饰装扮,而采用山本《新体支那史》孔子像代替。明石的尧帝像,据《三才图会》而来,但制作粗劣,人物目光呆滞,相貌不佳,曾氏同样没有采用,而从桑原《初等东洋史》1901 年版第 50 页取汉光武帝像代替。其三,为了填补插图之缺,曾氏挪用其他肖像充数。在曾书中较为重要的人物,如商汤、勾践、墨子、秦孝公,他所参考的日人教科书皆无插图,为了弥补缺憾,则取其他人物肖像顶替。曾氏取桑原《初等东洋史》1901 年版第 12 页管仲像充商汤像,取明石《新体支那历史》楚庄王像代勾践、汉高祖像代墨子,取《新撰东洋史》第 42 页汉武帝像代秦孝公像。商鞅像或据《新撰东洋史》元世祖肖像制作而成。曾氏选取一张常见孔子画像作为老子肖像,系手民之误或有意为之,不得而知。

　　关于墨子肖像,有必要作进一步说明。曾书的墨子像(图 1)复制于《新体支那历史》汉高祖像(图 2),而后者则根据《三才图会》汉高祖像(图 3)制作。曾书的墨子像可谓冒"图"顶替者,但透过曾氏《中国历史》的流传,却被广泛接受,几乎成了墨子标准像。稍后,《国粹学报》1905 年第 2 号卷首墨子像(图 4)、《民报》1905 年第 1 号卷首"世界第一之平等博爱主义大家墨翟"插图(图 5),显然复制或脱胎于曾书(图 1)。图 5 略有改造,将手持的扇子改为某种仪器,以符合墨子科学家身份的想象。《民声》1910 年第 2 号墨子插图与《民报》完全一致。署名"冰壶主人"《小学适用白话注释中国历史教科书》(会文堂书局,1923 年)的墨子像(图 6)应翻版于《民报》(图 5)。通过追索曾书墨子肖像制作过程及其流传履迹,或可说明近代国人制造历史知识,日本明治以来的思想资源是凭借之一,两者关系除了直接移植,时常还存在错置。被误读的历史知识经多重翻版,植入教科书的知识空间,进而成为人们的"公共常识"。

图1　　　　　图2　　　　　图3

图4　　　　　图5　　　　　图6

三、宗　旨

曾书虽博采日人书籍，但其目的在于"发挥自己之理想"，即"激动爱国精神、孕育种族主义"，在当时各种国史教科书中脱颖而出。该书何以反复致意种族、种魂、国魂，有其特定的时代语境。一方面"转移灭亡风气"。彼时中国正处于亡国灭种的危险境地，需要一套特殊的历史叙事，"各振其国民精神，脱外族奴隶之羁轭，恢复我汉种固有之国之权力，发挥我汉种固有之优等文化力，抹煞外族一切界限而吞吐之，然后雄飞于二十世纪之世界，以与白皙人种竞争"；①另一方面，"改造文明社会"。②曾氏用睡狮形容近代中国，"如沉疴如痼疾，力弱极骨脆极，沉

① 曾鲲化编译：《中国历史》（上），第19—20页。
② "转移灭亡风气""改造文明社会"，出自《中国文明发达史》书后附页《中国历史》中卷已刊广告"。

沉二千载,黯黯廿四朝,气息恭然,横卧长睡于亚细亚大陆,遂成不能运动之动物,而落于永静之苦海",①他要用历代国民进步史唤醒雄狮,进入"光明正大、完全优美之自由魂、独立魄之活历史".②曾书正是从救亡和图强两方面贯彻"结构民族主义之种魂"③的叙事宗旨,这也是该书吸引读者的关键所在。

为了落实"结构种魂",曾氏对历史叙事作了独特的安排。首先,我们是谁、从哪里来。曾氏开宗明义说:"东西洋历史家尝曰:支那历史者,汉人种之历史也。盖我国之所以有今日者,实汉种之所赐。"④当时日本支那史、东洋史教科书几乎都会论述中国人种问题,五种说(汉满蒙回藏)和六种说(五族加苗族)最流行。曾氏的人种分类与其所参考的诸种日人教科书皆有所不同,而与梁启超《中国史叙论》一致,但他描述各族经过一番筛选,综合了各种教科书,与梁氏详略侧重有别。以汉种为例,曾氏叙述文字及其史源见下表:

《中国历史》"汉种"	出　　处
其先自帕米耳高原东行	梁启超《中国史叙论》或白河次郎、国府种德合著《支那文明史》
栖今西北地方,渐渐侵入江河中央要地,驱逐苗人种于南方,而敷文化,遂蕃殖于中国内地全部,世握帝王之特权。其性质温良,皮肤苍白而带黄色,体格端正,生活之度最高	明石中和:《新体支那历史》,第27页
且夙讲政理,重道德,脱野蛮之域甚早	北村三郎:《支那帝国史》,第36页
即今文化之度,智识之富,究非他人种所能望其项背	明石中和:《新体支那历史》,第27—28页
故不独于中国占第一等位置,即于世界亦在最优之列也	北村三郎:《支那帝国史》,第37页

曾氏整合梁启超《中国史叙论》(或《支那文明史》)、《新体支那历

---

① 曾鲲化:《中国历史出世辞》,《中国历史》(上),第2页。
② 曾鲲化:《中国历史出世辞》,《中国历史》(上),第3页。
③ 《中国文明发达史》书后附页"《中国历史》中卷已刊广告"。
④ 曾鲲化编译:《中国历史》(上),第14页。

史》《支那帝国史》有关汉种叙述，尽取美言，形塑汉种的光辉形象。为了给汉种配图，曾氏颇费心思，他所参考《新体支那历史》和《支那史》汉种插图均为清人服饰装扮的形象，对排满革命者而言，这是不能接受的，所以他取山本《新体支那史》扉页孔子肖像充当汉种像，且放大并居中央，以示尊荣。汉种标"本族"，而其他皆标"外族"，以达到"严本族、外族之鸿沟，使爱种、保种、尊种之念油然而生，以养成种族主义之特质"。①

回答"我们是谁"之后，还需回答"我们从哪里来"。若不明祖先发源之地，势必削弱民族认同的基础，甚至有"解构种魂"的危险，所以但凡一个现代民族国家总要编织民族发源圣地和英雄故事，以之作为维系民族凝聚的纽带。曾氏似谙此道，除了建构黄帝形象之外（详后），他还为汉族想象种源之地。十九世纪末二十世纪初，日本学术界关于汉族发源地有两种观点：其一，西北说。当时日人所编支那史、东洋史大多持此说，②少数则会具体说明为帕米尔高原或昆仑山。③其二，巴比伦说。主张此说者是拉克伯里，他的《中国太古文明西元论》一书论证汉族乃衍自西亚，原居住在巴比伦一带，酋长黄帝率领族人东迁，征服了土著部落，势力伸入黄河、长江，并在此建国。中国读书人尤其那些排满革命者最初对此说颇为欢迎，因为黄帝东迁的故事可比之摩西出埃及记，④具有神圣感、壮烈感、使命感，给予国人所需之暗示，不仅提升汉族自信力，且为推翻清政府提供一定的理据。⑤

曾氏对种源地表述颇为暧昧，他大体接受日本教科书"西北说"，谓"汉人种自西北方面，次第移住于黄河沿岸，随种族之蕃殖，蔓延四方"。⑥又说："尝读《楚辞》，观其切望作昆仑山游，如出于移住人民，慕其故乡之至情。又列子亦有道西方之美者。此我国先儒，以昆仑山为

---

①　曾鲲化编译：《中国历史内容重点》，《中国历史》（上），第 3 页。

②　《新体支那史》，第 9 页；《支那帝国史》，第 64 页；《新体支那历史》，第 27 页；《支那史》，第 9 页；《新撰东洋史》，第 1 页；《初等东洋史》，第 1 页。

③　《支那文明史》，第 4 页。

④　陶成章：《中国民族权力消长史》，汤志钧编：《陶成章集》，中华书局，1986 年，第 258—259 页。

⑤　参拙著《西方史学在中国的传播（1882—1949）》，华东师范大学出版社，2007 年，第 115—117 页。

⑥　曾鲲化编译：《中国历史》（上），第 36—37 页。按，此句取自桑原隲藏《中等东洋史》第 14—15 页："此族は盖悠远なる时代に於て、西方より支那内地に移住し来りて、黄河の沿岸に棲息し、次第に四方に蕃殖せし者に似たり。"

本土之想象也。"①种源地具体在西方何处？曾氏据《支那文明史》向读者介绍拉克伯里学说："汉人之祖先，大凡在西历纪元前二千五百年顷，自里海南方之叶拉孟及苏西亚那等地，移住于支那。而其文化，特自西方亚细亚加尔泰亚输入，如古文字之类似，两国民之宗教的、社会的并学术的之组织，及关于信仰诸点，若出一辙。"最早向国人介绍拉氏"巴比伦说"的国史教科书是曾氏《中国历史》。他虽强调"此说崭新而奇，似不可尽信，然悉推民族变迁之形势，社会发达之原则，亦确有所据，姑绍介之，以俟考焉"，②但拉氏的黄帝故事太诱人，他写《中国历史出世辞》一文，情感冲破了理智，将"似不可尽信"学说加以历史化，"以睡狮喻国体"：③

> 现今世界有惊天悸地、骇目詟魂之第一大动物，考古学者迹其远祖，距今四千五百余年。单身由西南亚细亚东徂，盘踞黄河南北，生殖力最盛，膨胀力最富，竞强力最雄。不数十年顷，一哮咆而战胜南方各僮傜，移植其种族于神州大地。④

他用文学笔调将拉克伯里学说作了史诗化处理，令人印象深刻。曾氏对种源地的多重想象，一为昆仑山，一为西南亚细亚，其对"结构种魂"的作用，诚如陶成章所言："国为民族之国，民族必有所由起，则迁徙之说，夫亦安可以不详？今夫迁徙之说，不特祖先披蓁棘，沐风雨，战胜他族，奠定疆里之丰功伟绩，历历映影于子孙心目中，馨香顶礼而寤寐不忘者也，且种族观念油然而生。盖迁徙之说所以明祖也，明祖所以尊祖，尊祖则敬祖心生，敬祖心生则自爱心生，自爱心生则保守之性质日益固，而团结之力日益强，此近世民族主义、民族帝国主义所以弥沦滂渤而充塞于大地也。迁徙之说，顾不重乎哉！顾不重乎哉！"⑤曾氏是最早在历史叙事中编织黄帝东迁故事的中国人，随后响应者众，最著名

① 曾鲲化编译：《中国历史》（上），第 38 页。
② 曾鲲化编译：《中国历史》（上），第 38—39 页。
③ 关于"睡狮"之喻在近代中国的形成，可参费约翰（John Fitzgerald）著，李恭忠等译：《唤醒中国：国民革命中的政治、文化与阶级》，三联书店，2004 年；单正平：《近代思想文化语境中的醒狮形象》，《南开学报》2006 年第 4 期；石川祯浩：《晚清"睡狮"形象探源》，《中山大学学报》2009 年第 5 期。这些论著皆未论及曾鲲化《中国历史》在建构与传播"睡狮"形象中的作用。
④ 曾鲲化：《中国历史出世辞》，《中国历史》（上），第 1 页。
⑤ 陶成章：《中国民族权力消长史》，汤志钧编：《陶成章集》，第 228 页。

的要数蒋观云《中国人种考》，谓"我人种于上古四千年前，世界草昧，舟车未兴，而超越千万里高山、崴岞、沙漠出没之长道，以开东方一大国，是则我祖若宗志气之伟大，性质之勇敢为何如。而其事业之雄奇又直为他人种之所无，足以鼓舞我后人之气概者，抑又何如也"。①

其次，"汉人种之历史"。曾氏作为排满革命者，与在东京的其他许多同志如宋教仁、陶成章、刘师培一样，②坚信"支那历史者，汉人种之历史"。他在历史叙述中经常出现的"民族主义"，大多数语境下实为狭义的"汉族主义"，并不包括其他族群。曾书"以汉人种为历史之大主干，其余五外族皆骈枝也，枝干相乘，得历史之全局"，③具有浓厚汉族中心论倾向，如外族进攻汉族用"寇""侵""衅"，汉族进攻外族则用"征""服""伐""攘"。曾氏处理汉族与外族关系，其叙事策略可概括为两点：

其一，汉盛外衰，则壮我之声势。凡历史上汉族进攻外族之人和事，皆作正面宣扬，如周宣王"征外族"，齐桓公"大举排斥外族"，晋文公"攘赤狄"，秦穆公"伐西戎"，赵武灵王"大破外族"，李牧"大斥外族"，专节讲"外族跋扈之颠末"，强调种族优胜劣败，赞扬"强有力之诸侯，前后蜂起，纠合诸侯，攘斥外族，犁其庭，空其穴，尽夺其殖民地，而长驱于边外矣"。④在曾氏看来，唯汉独尊，"我国当上古之时，四邻皆蒙昧野蛮，殆与禽兽无异，独汉族暗夜放星辰之光，以文明照人耳目"。⑤曾氏事无巨细地盘点汉人攻打外族之事迹，实有深意："嗟夫！古人之自爱其种，自尊其种，如此千辛万苦，百折不挠。今食古人之赐，瓯脱古人之遗业，而全属于外族之轭下，吾不知有何面目见开创我国、扩张我国之古人于地下矣。"⑥他之所以不厌其烦讲述汉族征战外族，是为了教训清季国人不要忘记古人之遗业，挣脱"外族之扼"。今黄种与白种、汉族与满族

① 蒋观云：《中国人种考·中国人种西来之说》，《新民丛报》第 37 号，1903 年 9 月 5 日，第 49—50 页。
② "中国者，汉族之中国也。"（宋教仁：《汉族侵略史·叙例》，陈旭麓主编：《宋教仁集》上册，第 6 页）"中国者，中国人之中国也。孰为中国人？汉人种是也。中国历史者，汉人之历史也。"（陶成章：《中国民族权力消长史》，汤志钧编：《陶成章集》，第 212 页）"中国者，汉族之中国也。叛汉族之人，即为叛中国之人；保汉族之人，即为存中国之人。"（申叔：《论留学生之非叛逆》，原载《苏报》1903 年 6 月 22 日，见万仕国辑校：《刘申叔遗书补遗》，广陵书社，2008 年，第 47 页）
③ 曾鲲化编译：《中国历史》（上），第 18 页。
④ 曾鲲化编译：《中国历史》（上），第 116 页。
⑤ 曾鲲化编译：《中国历史》（上），第 3 页。
⑥ 曾鲲化编译：《中国历史》（上），第 165 页。

竞争，犹昔汉族与外族竞争，当时现实社会的满汉矛盾、排满革命风潮、列强瓜分中国，刺激作者调动汉族与外族之斗争与同化的历史记忆，且自信预言：汉种必胜。

其二，汉衰外盛，则引以为耻。培育种魂固然需要本族的光荣史，但失败史或耻辱史所发挥的能量并不亚于前者，故历代受外族欺凌之史实必书之，以不忘雪耻。例如，批评周平王"无帝王之人格"，周幽王虽无道，然为犬戎所杀，"乃国之奇耻大仇，平王不卧薪尝胆，力图报复，反以戎狄逼西都，欲避其势，东迁洛邑"，这是"昧复仇主义"。[1]"历代兴亡盛衰通论"一章历数外辱，如谓晋至南北朝之间"我光华荣耀之汉种，屡受奇耻于外族，失幅员于外族，虽曰天命，未始非我国民气不昌之所致也"。[2]元代汉人被蒙古人统治，曾氏说："今我汉族以历史上最有名誉之人种，不能吸收外族，而反为蒙古膨胀政略所熔化，将数千年神圣相传一统之血脉一旦失之，举人间世之奇羞巨怨畴过于是。愿我国民印之于脑，为我国历史上之一大纪念。"[3]汉族的屈辱史与光荣史交互配合叙述，才能"悲愉交作，感情勃发"，[4]诚如宋教仁所言，这种叙事安排可令"听者张目切齿，疾首痛心，慨然以奋，跃然以起"。[5]

最后，"国民缺少之原质"。曾氏编译此书是"为我国民打破数千年腐败混杂之历史范围，掀拔数千年根深蒂固之奴隶劣性"，[6]那么如何达成目标？曾氏以为需要"确察我国民缺少之原质，核定大义"，[7]然后"添无数原质，造成一种新文明"。[8]举其荦荦大者，约有三端：自由、革命、尚武。他所处的时代正呼唤这些价值，故他从过往历史中寻找"原质"，作为"制造爱国国民之神妙药料"。[9]

其一，自由。曾氏认为中国政治"造成空间时间所未曾有之怪状，而其最混浊社会、污坏历史者，即钳制自由精神，所谓愚民的专制

---

① 曾鲲化编译：《中国历史》（上），第91页。
② 曾鲲化编译：《中国历史》（上），第26页。
③ 曾鲲化编译：《中国历史》（上），第29页。
④ 曾鲲化编译：《中国历史内容重点》，《中国历史》（上），第5页。
⑤ 宋教仁：《汉族侵略史·叙例》，陈旭麓主编：《宋教仁集》上册，第6页。
⑥ 曾鲲化：《中国历史出世辞》，《中国历史》（上），第3页。
⑦ 曾鲲化编译：《中国历史》（上），第1页。
⑧ 曾鲲化编译：《中国历史》（上），第88页。
⑨ 《〈中国历史〉上卷出书广告》，《湖北学生界》第4期，1903年4月，附页。

政治"，①所以《中国历史》遇自由则颂扬，遇专制则诅骂。例如，尧帝"置敢谏之鼓，立诽谤之木，使国民得言论自由，以为政治之媒介，于是海内大治"，被曾氏视为"言论自由之起点"。②相反，周厉王大施专制政治手段，暴虐不堪，殚国民之财，竭国民之力，以极其奢侈，国民"一视一言不得自由，一举一动不得自由"，其结果"国民革命军之出发"：

> 国民莫不裂目攒胸，冲冠发上指，相恐怖，相哀怨，相咨嗟，相激奋，相秘密团结，相墨迹会议，遂于悲风惨雨、惊涛怒潮之中，突发出一种有大势力、有大名誉之新思想，曰逐王、逐王，即今所谓革命、革命者是也。大喊一声，震撼天地，国民云集响应，斩木揭竿，挥革命之三色旗，直捣王都，围王宫。③

此段文字极具政治暗示性，所谓"革命之三色旗""国民革命军"，以现代的革命意象，想象古时历史场景，以今喻古，旨在引导国民崇尚自由、灌输革命观念。"自由"一词作为从西方引入的政治学概念，在曾书中出现频率颇高，并用自由的尺度来评判历史。对于春秋战国之际百家争鸣，曾氏强调缘于"人人自由，人人平等，得自伸其才力，自输其智识，以进化于文明，于是朝野社会养成一活泼大有为之风"。④相反，儒家则为学界进步之大障碍，"束缚人之思想自由、言论自由，为文明之公敌。孟子不及杨墨，如班之于马，而挟褊狭意气，妄骂人以无父无君之大罪，诚所谓跖犬吠尧也。荀子亦染此恶癖，著《非十二子》篇，动斥人为贱儒，指其无廉耻而嗜饮食，此皆儒家之污点也。虽然，此不过伤一人之公德已耳。厥后民贼迭兴，心醉儒学，严等差，贵秩序，与君言专制，与民言服从，遂特尊之。瓯脱一切学术，使我国以无数平行线进化之学界，竟变为螺线之进化，而于是社会之黑暗怪状现矣"。⑤这些激昂的文字虽多数取自日人教科书，但曾氏善为利用，确实达到了"发挥自己之理想"。

其二，革命。1903年前后革命风潮蓄势待发，曾氏作为排满革命者，极端崇拜革命，在历史叙述中对于革命、暴动、破坏、造反等一切推

---

① 曾鲲化编译：《中国历史》（上），第20页。
② 曾鲲化编译：《中国历史》（上），第43页。
③ 曾鲲化编译：《中国历史》（上），第89—90页。
④ 曾鲲化编译：《中国历史》（上），第202页。
⑤ 曾鲲化编译：《中国历史》（上），第191页。

翻旧秩序的行为皆予积极宣扬。"古之所谓圣贤者无他,能破坏旧社会,而改造新社会之谓也",[1]中国也被他视为"惯于革命之国"。[2]革命在曾氏的历史意识中具有暴力美学的特征,"欲造成一完全优美之社会,必破坏一切旧社会而后能奏效,欲破坏一切旧社会,则非涌出震骇人间世之大反动力无所凭藉。故大反动力者,组织完全优美之社会之原因也,而完全优美之社会,则为反动力之结果"。[3]商汤推翻夏桀,被视为"臣下革命之始祖"。[4]周武王灭商同样视为革命,特别举伯夷、叔齐的故事,说明儒家君臣关系不足训。[5]尊商鞅为"政治界革命之始祖",他的改革"扫灭旧社会而改造新社会",令社会"日日进步"。[6]

其三,尚武。近代中国的积弱,时人认为缺少尚武精神是原因之一,所以极力鼓吹尚武精神和军国民主义。曾氏编史离不开时代语境的熏染,强调"军事为国民精神,勾践军国民而灭吴,宋弛兵备而亡于蒙古,可知其不能等闲视矣",[7]叙事中时时不忘引导读者发扬尚武精神。他比较商周不同,"盖商尚质,其结果为富于武士道之气象,故际国步艰难,上多有为之君,下多志士仁人,常得挽回颓势;周反之,尚文,故上下自陷于文弱之弊,此其结果所以一蹶不振也"。[8]秦穆公之所以强国,乃因"国民尚武之精神"发达故也。越王勾践的成功,在曾氏看来,就是尚武主义所致。历史上的暗杀行为,也得到曾氏赞扬,称颂聂政、荆轲之义勇犹如俄国虚无党,"为国家造文明幸福"。[9]

四、黄　帝

黄帝作为汉族想象的始祖,在曾氏的种族主义历史叙事中地位特别显著,《中国历史》扉页"中国始祖黄帝肖像"(图7),浓眉怒目、

---

① 曾鲲化编译:《中国历史》(上),第88页。
② 曾鲲化编译:《中国国号变迁纪实》,《中国历史》(上),第1页。
③ 曾鲲化编译:《中国历史》(上),第215页。
④ 曾鲲化编译:《中国历史》(上),第79页。
⑤ 曾鲲化编译:《中国历史》(上),第85页。
⑥ 曾鲲化编译:《中国历史》(上),第133页。
⑦ 曾鲲化编译:《中国历史内容重点》,《中国历史》(上),第3页。
⑧ 曾鲲化编译:《中国历史》(上),第81—82页。
⑨ 曾鲲化编译:《中国历史》(上),第153页。

长须、穿战袍、佩剑、执钺，俨然一副武人形象，并有赞语曰："黄帝者，我现今四万万汉种之鼻祖也，距今四千年前，以巨刀阔斧开辟中国、制造文明，凡我后人一草一木皆受其赐。谨描肖像于书端，令我国国民作一大纪念，以发达我伟大雄毅之种魂，扩张我膨胀纵横之国界。"此处"中国始祖"仅指汉族始祖，中国等同于汉族，并不包括其他族群，[①]与中华民国成立之后将黄帝由汉族始祖扩充为中华民族始祖有别。[②]曾氏特列"黄帝创一统政治之基础"一节，此节名取自桑原《初等东洋史》。他把黄帝打造成佩剑执钺的武人形象，契合其时国人对黄帝率族东迁、征服四方外族的想象，且附"黄帝大战涿鹿枭蚩尤图"，以增强叙事可视化效果。黄帝不仅在武功方面达到顶点，而且在文治方面也臻于极致。曾氏比日本教科书更详尽凸出黄帝，以彰显其独一无二之地位，且以"国史氏曰"方式向读者强化黄帝乃中国历史"开幕之第一伟人"。[③]

曾氏编史前后，在排满革命的刺激下，黄帝作为历史文化认同的符号，"尊崇黄帝之声达于极盛，以是为民族之初祖，揭民族主义而倡导之，以唤醒同胞之迷梦"。[④]或谓"欲保汉族之生存，必以尊黄帝为急。黄帝者，汉族之黄帝也"。[⑤]曾氏积极参与黄帝神话的制作，利用黄帝故事，向读者传递暗示：我们的始祖是值得引以为傲的，他血统高贵，出生于远古西方的巴比伦，率领族人东迁，以武力征服苗人，建立一统大帝国，作为黄帝的子子孙孙，没有理由甘心屈服于外族。像曾氏那样如此凸显黄帝，在当时历史教科书中恐怕是绝无仅有的。应该说，曾氏对二十世纪初年"黄帝热"形成具有先驱作用，但却被今人所遗忘，[⑥]中外学

① 刘师培在《黄帝纪年说》(1903 年)说："黄帝者，汉族之黄帝也。"(《刘申叔遗书》下，第 1662 页)在《攘书》(1904 年)则谓"盖炎黄之裔，厥惟汉族"。(《刘申叔遗书》上，第 632 页)

② "蒙回藏之与汉满同为优秀贵族。"(《回文白话报》1913 年第 1 期，"发刊词")

③ 曾鲲化编译：《中国历史》(上)，第 40 页。

④ 许之衡：《读〈国粹学报〉感言》，《国粹学报》1905 年第 6 期，第 3—4 页。

⑤ 刘师培：《黄帝纪年说》，《刘申叔遗书》下，第 1662 页。

⑥ 研究近代中国黄帝热的代表论文，如沈松侨《我以我血荐轩辕：黄帝神话与晚清的国族建构》(《台湾社会研究季刊》1997 年第 28 期)、孙隆基《清季民族主义与黄帝崇拜之发明》(《历史研究》2000 年第 3 期)、石川祯浩《20 世纪初年中国留日学生"黄帝"之再造——排满、肖像、西方起源论》(《清史研究》2005 年第 4 期)、孙江《连续性与断裂——清末民初历史教科书里的黄帝叙述》(王笛主编：《时间·空间·书写》，浙江人民出版社，2006 年)，皆未论及曾鲲化《中国历史》的黄帝叙述。

者研究点燃"黄帝热"之火的事实起源,完全遗漏曾氏的关键环节,导致历史脉络的错乱。

图 7　　　　　　图 8　　　　　　图 9

　　据日本学者石川祯浩研究,近代中国黄帝崇拜兴起于 1903 年东京,那时出现两种黄帝肖像,一种为模拟武士立像画(图 7),另一种是头戴布冠的写实头像(图 8),陈天华《猛回头》《警世钟》两种风行一时的读本均附黄帝立像画,"遗憾的是无论《警世钟》,抑或《猛回头》,我们都无法从这些当时风靡一时的原刊按图索骥,故不能妄下定论"。他更认为二十世纪初叶出现于东京的两类黄帝像的出典源于同一处,即秦毓鎏特意准备了两种黄帝像,立像画用于军国民教育会会员徽章(图 9),写实头像用于杂志《江苏》第 3 期(1903 年 6 月)卷首插图,"相继出现的各刊行物中对黄帝肖像及黄帝纪元的模仿——例如陈天华的革命宣传小册中添附的线条画武士黄帝像——均说明秦毓鎏点燃的'黄帝热'之火迅速蔓延,日趋扩大"。①令人遗憾的是,石川精彩的史实考辨中却不知曾氏《中国历史》在彼时"黄帝热"兴起中的关键一环,所以无法按"图"索骥。

　　"黄帝热"形成过程中肖像制作和流传不可或缺,二十世纪初在东京最早出现的近代黄帝肖像是武士立像画,皆被陈天华、宋教仁所采用。陈天华于 1903 年 4 月到达东京,同年夏刊行《猛回头》、秋刊行《警世钟》两种革命宣传小册,都添附黄帝立像画,高呼黄帝为"始祖公公"。

---

①　石川祯浩:《20 世纪初年中国留日学生"黄帝"之再造——排满、肖像、西方起源论》,《清史研究》2005 年第 4 期,第 54、55 页。

1905 年宋教仁从《警世钟》复制黄帝肖像，植入《二十世纪之支那》，[①]为"中国始祖黄帝肖像"题词曰："呜呼！起昆仑之顶兮，繁殖于黄河之浒。藉大刀与阔斧兮，以奠定乎九有。使吾世世子孙有啖饭之所兮，皆赖帝之栉风而沐雨。嗟我四万万同胞兮，尚无数典而忘其祖。"[②]陈天华和宋教仁所用黄帝肖像，被今人所津津乐道，但似无人回答他们的插图出自何处。事实上，曾鲲化编译的《中国历史》已于 1903 年 3 月出版上卷，时在陈天华来日本之前，且曾氏和陈天华同为湖南新化人，共事于东新译社，宋教仁与他们都是好友，陈书的黄帝肖像与曾书完全一致，自然复制于后者。

石川论文提及的军国民教育会会员徽章，正面刻有篆体"轩辕氏之像"，中央则是黄帝肖像的浮雕，反面镌铭四句："帝作五兵，挥斥百族，时维我祖，我膺是服。"[③]据说徽章制定于 1903 年 6 月 14 日，冯自由《革命逸史》回忆徽章黄帝像采自日本东京帝国图书馆，铭文出秦毓鎏之手。[④]石川认为冯自由回忆有若干混乱，具体取于哪个图版，至今未能究明。如果将此徽章与曾书黄帝肖像作一对比，石川的问题便可解。曾书非常受欢迎，所绘黄帝肖像尤引人瞩目。在黄帝写实头像问世之前，在东京流传的黄帝肖像，除了《三才图会》和《金石索》的黄帝形象，仅有曾书的武士立像画。对于革命党人而言，传统古圣先贤的黄帝形象难以契合当时社会广泛流行的黄帝东迁故事，所以曾氏才另造新图，将黄帝打造成征服异族的汉族始祖。陈天华、宋教仁应读懂了黄帝立像画的深意，所以转相复制，借助《猛回头》《警世钟》《二十世纪之支那》的传布，让此肖像更广为人知。当具有排满革命倾向的军国民教育会制定黄帝徽章，加之陈天华也参与该组织，取用曾氏图版那是顺理成章的事。秦毓鎏与曾鲲化、陈天华、宋教仁一样，徽章采用黄帝像，"宗旨

---

① 宋教仁日记说："见彼处有《警世钟》数册，余遂取一册，摘其开始所印之黄帝肖像，将为插入杂志之用。"（陈旭麓主编：《宋教仁集》下册，第 512 页）
② 原文载《二十世纪之支那》第 1 期（1905 年 6 月 3 日），见陈旭麓主编：《宋教仁集》上册，第 2 页。
③ 本文所附军国民教育会会员徽章图，取自中国嘉德国际拍卖有限公司 2011 年 5 月 12 日拍卖品"轩辕氏之像军国民教育会会员徽章"照片，而石川祯浩论文中的插图取自辛亥革命武昌起义纪念馆编《辛亥革命大写真》（下卷，湖北美术出版社，2001 年，第 602 页），图像正面严重磨损，几不能辨识。
④ 冯自由：《革命逸史》，《逸经》第 20 期，1936 年 12 月 20 日，第 26 页。

所在,不言而喻",而所谓"宗旨"即指反满的民族主义。[1]只有到《江苏》第 3 期刊出黄帝写实头像之后,革命党人的黄帝肖像才有二选一的余地。《民报》1905 年第 1 号卷首发表黄帝和墨子两幅插图,墨子肖像源于曾书,而"世界第一之民族主义大伟人黄帝"肖像没有沿用该刊前身《二十世纪之支那》所用武士立像画,而采用《江苏》写实头像。诚如石川所言,这显然是刻意的安排,"这说明《民报》的编辑们,即中国同盟会的领袖们,比起勇猛威武的线条画武士像,更钟爱于仪表端正的写实风格的黄帝画像。对写实风格黄帝像的偏爱,反映了革命人士在把近代的英雄风貌寄附于远古人物时的一种态度,或者是一种审美观"。但是,石川说两类黄帝肖像几乎同时出现于 1903 年的东京以及出典源于一处,这是不准确的。黄帝立像画诞生比写实头像早约半年,两者出典完全不同,前者版权在曾鲲化和东新译社。

如果说陈天华、宋教仁对推动"黄帝热"有功,那么曾氏《中国历史》才是真正的源头,其余人只是他的追随者、模仿者而已。曾书的插图大都取自日人教科书,唯独黄帝肖像在日人教科书中找不到出处。笔者推测此图很可能是曾氏规定黄帝肖像的图意,使绘画人据意作图,如曾氏谓"巨刀阔斧开辟中国",肖像则有佩剑执钺的配件。曾氏的黄帝形象具有浓重的中国本土风格,与明清时期武将图接近。石川之所以谓秦毓鎏点燃了"黄帝热"之火,是因他不明黄帝立像画的诞生史。若恢复历史脉络,曾氏才是真正点燃"黄帝热"火苗的人,而他的黄帝肖像被接受之程度,似被今人低估了。

比曾氏的黄帝立像画略晚的写实头像最早出现于《江苏》第 3 期,后被《黄帝魂》(1904 年 1 月)、《国粹学报》第 3 期(1905 年 4 月)、《民报》第 1 号(1905 年 11 月)采用,石川认为黄帝写实画出现,"在某种意义上可说是新旧象征的黄帝写实画及线条画并存的局面,至此正式宣告结束,写实风格的黄帝画像作为清末革命家心目中的共同形象,确立了其不可撼动的地位"。[2]但是,实际情形恐未必如此,辛亥前十年,历

[1] 冯自由:《革命逸史》,《逸经》第 20 期,1936 年 12 月 20 日,第 26 页。
[2] 石川祯浩:《20 世纪初年中国留日学生"黄帝"之再造——排满、肖像、西方起源论》,《清史研究》2005 年第 4 期,第 54 页。

史教科书(包括各种徽章)作为流行最广的文本之一，黄帝立像画似比写实头像更受欢迎。①1905 年杭州彪蒙书室出版《绘图中国白话史》《绘图蒙学中国历史实在易》的黄帝插图(图 10)，其武人形象是曾书的"翻版"。赵钲铎《高等小学历史课本》(中国图书公司，1907 年)黄帝插图(图 12)，明显源于曾书。商务印书馆发行的《儿童教育画》1908 年第 1期发表一幅黄帝战蚩尤彩图(图 11)，黄帝双手执钺的形象，若比较曾书黄帝肖像，尤其面部构图、头冠，前者创作显然凭借后者。颇为反讽的是，黄帝立像画制作背后其实蕴含着反清革命意识，但一般接受者未必明白领会制作者的意图，不然官方不会采用这张"叛逆"的图画。1909 年南洋大臣、两江总督张人骏为物产会颁发的奖牌(图 13)，正面

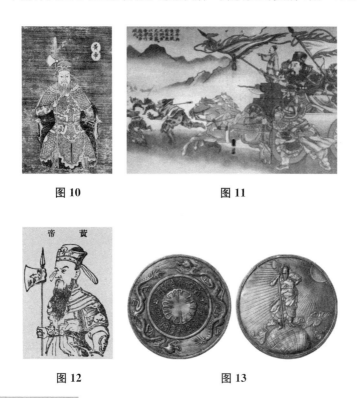

图 10　　　　　　　　　　图 11

图 12　　　　　　　　　　图 13

---

①　《江苏》写实黄帝头像在晚清似不被一般民众所接受，中华民国初年发行各种兑换券的黄帝像，源自《三才图会》帝王形象，与《江苏》写实头像无关。反而到 1920 年代，尚存写实帝头像的踪迹，如广东洋服同研工会 1922 年正月一日开幕纪念章正面是浮雕"轩辕圣像"、《小学适用白话注释中国历史教科书》(会文堂书局，1923 年)黄帝插图。

为双龙戏珠,中圈镌刻篆体"南洋大臣颁发,宣统元年物产会奖牌"铭文,背面则是手执斧钺的武人,立于地球上,东面太阳光芒四射。此武人的构图当模仿曾氏的黄帝图版。以上诸例证,说明革命精英的审美取向未必能激发一般民众的共鸣,黄帝写实头像被普罗大众接受有限,反而更具"土味"的曾氏黄帝肖像(包括翻改版)被许多文本所采用,成为民众对黄帝想象的来源之一。

五、影　响

　　曾氏《中国历史》上卷虽然只出版了先秦部分,但甫经问世,似有绝大的声势。对于时人来说,体例新颖,别开生面,文笔明达畅亮,思想契合时代主题,"使读者悲愉交作,感情勃发"。尤其卷首即现黄帝肖像,以睡狮喻国体的《中国历史出世辞》作为开篇,落款"独立国之自由阁",①皆具隐喻效果,具有暗示作用。曾书在日本东京出版,通过上海《苏报》馆在中国内地销售,因此,该书出版不久,上海《中外日报》《苏报》《政艺通报》即见书籍广告或被转载。曾书受欢迎之程度,从当时报刊所刊登的出书广告可见一斑。

　　中国自汉族发生时代以来,创建数千年矣,然社会文明发达史抹煞于余一人朕天子之世系谱,国民生活运动史,龙断于飞将军大元帅等相斫书,此空间时间无比之巨耻,现今灭亡风潮之骀宕之翻飞之总原因也。横阳翼天氏痛国家之不血食,愤种族之将犬羊,特输万斛热诚,为四万万同胞编辑《中国历史》,叙述中国大国民之社会如何起原,如何发达,如何变迁,如何进化,及盛衰隆替之因果,小退大进之关系,而绕钺之而纪念之而指点评判之。其宗旨发挥光明正大之民族主义,激动爱国精神,斩绝奴隶根性。其材料精选东西洋名著支那历史二十余种,及中国诸类朝史野史,上自古碑石记,下至昨今新闻,莫不一一搜罗而熔铸之。其内容支配教育、学术、政治、外交、武备、地理、宗教、风俗、

---

① 曾鲲化:《中国历史出世辞》,《中国历史》(上),第4页。

实业、财政、交通、美术诸要点,淬历固有之特质,绍介外界之文明。其体裁仿泰西文明史及开化史例,分编章项节,以孔子为纪元。而文字所不能尽者详之以图,图所不能穷者通之以表,其特博采古今绘画肖像,用极精致铜板镌成,鲜明美丽,能唤起不可思议之兴味,增史界之智识,助脑筋之记忆。卷首有自叙,题曰:《中国历史出世辞》,以睡狮喻国体,而着着耸动其翻身,使演震天撼地之大手段,末有云:"中国历史出世,谨祝我伟大中国灿烂庄严之文明国旗出世于今日,谨祝我中国四万万爱国国民出世于今日,谨祝我四万万爱国国民所希望理想之自由、所馨香寿祷祝之独立出世于今日。"虽不开卷可知其为历史界放绝大光彩,有变换脑质,慧豁眼球之价值矣。至其纸质之精良,字迹之端整,装订之华丽,尤属余事,不必缕述云。(《游学译编》第5册,1903年2月15日)

黄帝血裔大国民横阳翼天氏痛中国之将裔割,愤汉种之为犬羊,特输热诚放哲眼,为四万万同胞编辑《中国历史》,叙述我祖国起原发达变迁进化之大势,盛衰进退之因果关系,而以光明正大之种族精魂贯串而点缀之,使读者歘然跳出十八重地狱之死奴隶圈,变铸为爱种爱国之活泼人格,诚空前之伟著,而为历史界放绝大光彩也。我国教育大家而果以养成国民爱国精神为主义乎,则某请贡制造爱国国民之神妙药料,以为医国之一大主动机关。(《湖北学生界》第4期,1903年4月)

黄帝血裔大国民横阳翼天氏痛我国灭亡风潮之飞涨,发愤以种族精神编著《中国历史》,叙述其起原发达变迁进化之大势,盛衰进退之因果关系,而緵铽之纪念之指点评判之,大有激发爱国灵魂,斩绝奴隶根性之价值。凡政教、学术、风俗、实业诸重点,莫不一一熔铸支配之。体例精备,系表完富,而图画肖像尤觉灿然可爱,诚历史界之太阳,而救我四万万同胞灵丹妙药也。(《中外日报》1903年5月13日、《苏报》1903年7月1日)

历史为国魂之聚心点,国民爱国心之源泉。然我国之史,非余一人之家谱,即强有力者同族相残之战斗记,以故人人不知国家,而为异族之奴。横阳翼天氏痛之,特编《中国历史》一种,其上卷于今年初夏出版,体裁新辟,材料丰多,而又以民族主义为其宗旨,诚我国历史界开创之大作,而普通学教科书中稀有之善本也,国民国民不可不急读。惜定价稍嫌昂贵,寒畯之士,不免有向隅之感。（《浙江潮》第7期,1903年7月20日）

中国史书类皆一姓家谱,而缺于种族情形,以致演成今日之腐败社会,殊非无因。横阳翼天氏欲以民族主义引导全国,乃取吾国政教、学术、风俗之要点,熔铸而贯通之,不仅体例精严,足以起二千年之衰,而图画肖像犹觉灿烂异常,诚教科书中之有一无二者也。（《中外日报》1903年7月22日）

辛亥前十年,以拥有书籍广告之数计,曾书或能居榜首。当然,广告词所谓"历史界之太阳""空前之伟著""历史界开创之大作",不免夸大,实为吸引读者,扩大销量而已。据说曾书深受读者欢迎,间隔三月迅速推出中卷,可证空前之盛况。东新译社为中卷广告云:

本社所编《中国历史》上卷,谬承新学界特别欢迎,出版不及一月,所印一万本已出售大半,其销行之速率诚空前,名书著籍所未曾见。现中卷又付剞劂,自秦一统至五代之割裂,凡一千一百八十年,曰中古纪,盖演我国历史风云变幻、龙腾虎攫之大活剧之中心点也。本编著人特萃精荟神,以犀利之眼光洞破变迁涨进之关系,以痛快之笔力,批评变化错综之事态,以伟大之思想,结构民族主义之种魂。其程度之高,较上卷超越数倍,盖其志愿以转移灭亡风气、改造文明社会为己任,故学与时进,有一日千里之概也。但书中图画最多,用精致电气板镌成,须费多许时日（镌图学最难,价值亦甚贵,一方寸之图其金额当书七页）,故出版之期大约在六月下旬也,读上卷者谅之。[1]

中国读书人对曾氏《中国历史》颇为推崇,称道此书深得新史学之真谛。许之衡非常欣赏曾书,认为编史"其体当必祖机仲、君卿一派",列传不能合于历史,"近人横阳翼天氏之《中国历史》深明此义,续而赓

---

[1] 《中国文明发达史》书后附页"《中国历史》中卷已刊广告"。

之,后必有放大光明于我国史界者,余为之祷祀以求焉"。①1903 年上海
镜今书局出版《中国新史学》,"于中国史界上别开生面,网罗渊博,光耀
动人,其中地理、学术、交通数项,尤能敲精吸髓,得其真际"。②编者认
为"中国学科夙以史学为最发达,然推其极亦不过一大相斫书而已,故
非于史界革新则旧习终不能除",所以"于近今名著凡有关于史学之革
新者,无不详悉网罗",除了收录梁启超诸篇新史学文字,还选录曾氏
《中国历史》中《历代兴亡盛衰通论》(附历朝兴亡禅代图)、《历代方舆沿
革论略》《人种略说》诸篇。③曾氏最具个人色彩的文字是篇首《中国历
史出世辞》一文,最初被《政艺通报》转载,④稍后《顺天时报》(1903 年 7
月 5 日,第 4 版)又转录自《政艺通报》,流传颇广。

　　作为较早的国史教科书,不论体例、内容或插图,曾书对后来者起
到示范作用。陈懋治《高等小学中国历史教科书》(文明书局,1904 年)
一书,历代方舆之扩张分为七期,"历朝兴亡盛衰之概略"等,明显取材
曾书。1906 年祝震《最新中等中国历史教科书》深受曾书影响,如中古
史自秦统一至成吉思汗即位分三期:百姓族优势时代、百姓族与外族均
势时代、百姓族全盛及外族复炽时代,则仿曾氏的历史分期。⑤梁鸿卓
《国史讲义录》大量引用《中国国号变迁纪实》,并注明:"右录我国名称
之沿革,盖窃取横阳翼天氏之说,简略而组织之,非必欲盗其说,特其说
于国史之命名,有切紧不可缺少之关系,更以其说博雅精当,以钦佩艳
羡之诚,为之附录,一犹骨董腐生,入伟丽之博物院,不禁为之手摩挲而
目顾盼,不得不揣摩陈式而纪录之,不然者身入宝山,空手而归,未免为
博雅君子笑也。"⑥1908 年徐念慈《中国历史讲义》采用正史、通鉴纪事
本末各官书之外,"于近今发行如夏清贻氏之《本国史教科书》、夏曾佑
氏之《中国历史教科书》、横阳翼天氏之《中国历史》、日本久保天随氏之

① 许之衡:《读〈国粹学报〉感言》,《国粹学报》1905 年第 6 期,第 5 页。按,"机仲"是《通鉴纪事本
　末》作者袁枢的字,"君卿"是编修《通典》作者杜佑的字。
② 《〈中国新史学〉出版》,《中外日报》1903 年 8 月 17 日,广告版。
③ 《中国新史学·例言》,上海镜今书局,1903 年,第 1 页。
④ 《政艺通报》第 2 卷第 9 号,1903 年 6 月。
⑤ 祝震:《最新中等中国历史教科书》第 2 册,南洋官书局,1906 年,第 1 页。
⑥ 梁鸿卓:《国史讲义录卷甲》,《宁波小说七日报》1908 年第 12 期,第 37 页。

《东洋历史大辞典》《东洋通史》等多所裨益,鄙人不胜感谢"。①徐氏在体例和内容上对曾书有所借鉴,如第一编总论凡两章:地理概要、人种概要,大体取自曾书。徐书第三编计划写历代文明史概要,关系历代政教、典礼、风俗、实业,受曾书架构的影响。京华书局 1910 年 3 月代印《陆军贵胄学堂中国历史教科书》(作者不详)一书,其宗旨在于"结团体,合群力,以御外侮",拥护清政府,"国朝联合诸族,深仁厚泽,畛域无分",②与曾书主张排满革命有别,但前者对后者在体例、史实和史论方面皆有所袭用,如该书第 58 页"反动力者,组织完全优美社会之原因"云云,摘录自曾书第 215—216 页。甚至民国初年,曾书仍有受众,如罗功武称"横阳翼天氏所著之《中国历史》,于社会事业极力发挥,别具卓识,惜其书只辑至战国时止,以下未见赓续,且文字颇深,于蒙小学未宜。今拟仿横阳翼天氏《中国历史》体制,编蒙小学历史"。③

钱玄同早年读过曾氏《中国历史》,1906 年 5 月 4 日他读刘师培《中学历史教科书》有感而发,"昔尝谓横阳翼天氏之《中国历史》,体例未错,而喜用新名词,太远国风,且考据多讹,恨无人循其体例而改其内容之组织"。④1910 年钱玄同自撰年谱,忆 1903 年读书经验:

> 其时初见曾氏《历史》,见其多民族主义之谈,甚爱之,以为史籍教科书之佳本矣! 盖俭腹人未餍梁肉,乃以糠秕为佳矣! 在今日平心而论,历史教科书佳者,首推夏氏,次则刘氏。若曾氏者专务用新名词,并造图像,不率故常,实极可笑! 特首揭黄帝之像,并有民族主义之语。较之今日鉴定各种课本,实有霄壤之别矣!⑤

钱氏批评曾氏涉及民族主义、用新词、造图像三方面。至于民族主义,作为历史教科书,致力于发挥此义,并非曾氏所独有,几乎是所有历史教科书的通则。用新词和造图像两项,则是曾氏颇为自得之处,广告词强调该书之价值一方面"变换脑质",是针对新词而言,另一方面"慧豁

① 徐念慈:《中国历史讲义·例言》,上海宏文馆,1908 年,第 2 页。
② 《陆军贵胄学堂中国历史教科书》,京华书局,1910 年,第 8 页。
③ 罗功武:《上广东教育司钟荣光请开局编蒙小教科书书》,高明市政协文史资料研究委员会编:《高明文史》1996 年第 10 辑《罗功武文选》,第 78 页。
④ 杨天石主编:《钱玄同日记》上,北京大学出版社,2014 年,第 41 页。
⑤ 《钱德潜先生之年谱稿》,杨天石主编:《钱玄同日记》上,第 5 页。

眼球"，则指丰富的插图。由曾氏所带动的新词入史和图像入史两种编史取径，对辛亥前十年国史教材编写产生颇大影响，成为非常有力量的潮流。

第一，新词入史。通过对曾氏《中国历史》文本构成分析，他在叙事中大量直接采用日语汉字，如种族、民族、国民、人群、自由、平等、革命、科学、主义、进化、社会、宗教、贵族政治、国民革命、共和政治等，是受了东瀛文风的影响，不见得刻意为之，但他所带动的这股史风却不可小觑。当时读书人包括曾氏的惯常做法，便是直接取用日文本，编译成史，客观上更换了国史之"原质"。这种状况引起少数读书人的担忧，历史教科书编纂者吴曾祺总结当时编史之法约有数弊，其中论及：

> 数十年来，风会各殊，有不知其所以然者，譬如一日之间，自为朝莫，一年之内，自为寒暑，此只宜胪列故实，使人自得于心。今必画为界限，某时至某时为上古，某时至某时为近古，某为开化时代，某为竞争时代，区别太严，反滋窒碍。……其体殆如呼名之吏，手捧文册，详其籍贯，载其年貌，而他不问也。……缀词之体，因时而异，其两不相涉者，古之不可施之今，犹今之不可施之古。世之通人，好矜赅洽，每以新译名词，用之史籍之内，虽其随事比附，非不甚工，然读者骇之，竟不辨此语从何而起。[1]

编史区分时代和新词入史的做法，始作俑者虽不是曾氏，但他却是先行者之一，对这股史风的形成有推波助澜之力。

第二，图像入史。历史教科书是否应该采用图像，时人有两种截然对立的观点：以曾氏为代表的提倡派，强调"文所不能尽者详之以图"，"能唤起不可思议之兴味，增史界之智识，助脑筋之记忆"。[2]近代中国历史教育界多肯定图画的正面作用，"历史者，不可见之物也。故其兴味全出于想象力。然儿童脑力薄弱，仅凭想象，或转失其兴味"，故用沿革地图、风景图、器物图、名人画像，"以助生徒之想象，且便教师之讲授"，尤其名人画像"足以发生崇拜圣贤豪杰之思想"。[3]钱玄同讥讽曾

---

① 吴曾祺：《初等小学用中国历史读本·叙》，商务印书馆，1909 年，第 2—3 页。
② 《游学译编》第 5 册（1903 年 2 月 15 日）附页《中国历史》上卷广告。
③ 赵钲铎：《高等小学历史课本编辑大意》，《高等小学历史课本教授本》，中国图书公司，1907 年。

书首揭黄帝肖像"实极可笑",但他可能不清楚这张图画曾经发挥了民族主义"图腾"效应,在"黄帝热"兴起中扮演了重要的角色,这或许也是曾氏始料未及的事。以夏曾佑为代表的否定派,认为:"历史必资图画,然中国古图画不传,后人所补作者,甲造乙难,迄无定论,是编一概不录。"①姚祖义最初主张与夏氏同,"我国历史,无论人物事实及诸大战迹,向无图画足资考证,今若以意绘之,凭虚悬揣,转恐失真,故是编除舆地外,余概从略"。②但稍后他的态度有所转变,"是书原不附印图画,近自第四版起,据冯云鹏《金石索》、顾沅《古圣贤像传略》《吴郡名贤像》、杨文会《释迦坐像》《南陵无双谱》、英国裕尔《马克波罗游记》、日本小川银次郎《西洋史要》《东洋史》等书,摘绘数幅,藉助儿童兴味,似与凭空臆造者稍有区别"。③若以"真"作为衡量标准,曾氏所用插图多数不合要求。然而,历史教科书作为国民教育的文本之一,其所承载的使命,不全在"真",还有"善"和"美"。若从接受角度看,将教科书所传达的抽象思想加以图视化,以便理解和传播,未尝没有意义。曾氏仿日人教科书做法,编史大量采用插图,可谓近代中国"图像入史"之滥觞。

余　论

曾氏《中国历史》虽取材日本支那史、东洋史教科书,不论体例、内容还是插图,都留下了浓厚的日人教科书的印痕。但是,它不同于当时一般国史教科书大都"取日本成书点窜一二以为之"的做法,如1902年柳诒徵《历代史略》改编自那珂通世《支那通史》,1903年陈庆年《中国历史教科书》以桑原隲藏《东洋史要》为蓝本,1907年吕瑞廷、赵澂璧据市村瓒次郎、泷川龟太郎合著《支那史》,编译成《新体中国历史》,均为一时流行之作。编译东籍之风,至1908年或尚不衰,不然李岳瑞不会仍批评彼时历史教材"取径东籍,乞灵翻译,取它人外国史学之资粮,为本国学子之模楷,方枘圆凿,断弗适用"。④曾氏的历史叙事则与之不

---

① 夏曾佑:《最新中学教科书中国历史·凡例》第1册,商务印书馆,1904年,第2页。
② 姚祖义:《最新中国历史教科书·编辑大意》,商务印书馆,1904年(初版),第1页。
③ 姚祖义:《最新中国历史教科书·编辑大意》,商务印书馆,1906年(第6版),第1页。
④ 李岳瑞:《国史读本·序》,上海广智书局,1908年,第1页。

同，他精心整合丰富的日文本，再三致意种魂、国魂，字里行间到处洋溢着民族主义，而他所凭借的那些日人教科书完全没有这种精神，他真正做到了"发挥自己之理想"，克服了当时多数国史课本以"客观认作主位"，导致国民"不兴其历史之观念，忘其祖国所自来"的弊端。

为了更能说明曾鲲化《中国历史》的特点，可与夏曾佑、刘师培的历史教科书作一比较。作为二十世纪初年新史学理想的落实者，他们的历史教科书具有某些共性：首先，为国民写国民的历史。新史学之所以"新"的表征之一，即是改变传统史学以帝王、朝廷为中心，兼顾国民、国家、社会，不仅在内容提倡写民史，而且预设的读者是一般国民。他们都力图在历史叙事中贯彻这一思想，曾书于"每编尾必综论其时代之社会与国民之情状"，①夏书要求关乎皇室、外国、社会者，"足以供社会之需"，②刘书则注意历代政体之异同、种族分合之始末、制度改革之大纲、社会进化之阶级、学术进退之大势，不专重君朝而兼重民事，不专详事迹而兼详典制。③他们都有写国民历史、为国民写史的自觉意识，但在实践层面能落实到何种程度则是另一问题。其次，编史架构皆受东籍的影响。不仅曾书，其实夏刘二书同样受日本教科书的影响，虽不及曾氏大规模编译东籍，但就编史体例乃至内容来说，皆有参考东籍的痕迹。再次，新词入史。如果说曾书大量取用西学词汇书写历史，不尽有充分的自觉，那么夏刘二书属于一家言，"每以新译名词，用之史籍之内"，则是主动为之。如夏书用游牧社会、渔猎社会、耕稼社会、木刀期、铜刀期等西学概念，刘书则谓"于征引中国典籍外，复参考西籍，兼及宗教、社会之书，庶人群进化之理可以稍明"。④三人所编之国史，取中国之史实，而多用西学的概念、词汇解释之，此种建构国史取向成为百年来中国史学界沛然莫之能御的潮流，个中得失迄今未有定论，值得深入思考。

与夏刘二氏作品相比，曾书尚有其特别之处：其一，编史架构代表了辛亥前十年国史改造的主流。曾、夏、刘三人教科书虽都受日本支那

---

① 曾鲲化编译：《中国历史内容重点》，《中国历史》（上），第 6 页。
② 夏曾佑：《最新中学教科书中国历史·叙》，第 1 页。
③ 刘师培：《中国历史教科书·凡例》，《刘申叔遗书》下，第 2177 页。
④ 刘师培：《中国历史教科书·凡例》，《刘申叔遗书》下，第 2177 页。

史、东洋史的影响，但曾书吸收最彻底，同时代人之所以推崇曾书多在乎他的体例，钱玄同即使对曾书颇有微词也认同他的体例。当时编写国史教科书多仿曾书，而不是夏刘二者，甚至刘氏也参考了曾书。因为曾氏所提供的编史架构易于操作，后来者只要根据这个框架像用填空的方式将经史书籍相关内容填补进去就能完成国史。其二，它是编译性质的文本。夏刘二书是一家言的作品，而曾书虽有编辑选材的成分，但就作品整体而言，编译成分占主要，不能说是原创。不过，正因为曾书是编译作品，也就有了夏刘二书所不具备的功能，即借助曾书在中国的传布，日本明治维新以来各种支那史、东洋史教科书知识，经过编译、改写，成为广泛流传的公共知识，构成了二十世纪初年新史学资源的组成部分。其三，图像入史。夏刘二书皆没有采用插图，而曾书仅上卷就用了44幅插图，不少被后来者转相复制，出版又早，带动了辛亥前十年编史用图的潮流。此外，曾书所用插图，如黄帝和墨子的肖像，在近代中国政治思想史所发挥的作用，是夏刘二书所不能替代的。

1910年钱玄同比较曾、夏、刘三书的优劣，他首推夏氏，次则刘氏，曾氏则是他讥讽的对象。如果以学术作为衡量标准，笔者以为钱氏的评论是公允的。与夏刘二书相比，曾书不足之处十分明显。一方面，徒有光鲜的外表却无充实的内容。应该说，曾书高扬种族主义旗帜，契合时代语境，加之笔端感情充沛，博得时人喝彩，赢得众多读者，像钱玄同"见其多民族主义之谈甚爱之"者应不在少数。但是，曾氏对中国经史本无根底，尽以东瀛教科书为取材对象，全无史实真伪的辨识能力，其书框架虽佳，然叙事多简陋讹误。作为中学教科书，曾书简略浅显程度或比夏刘二书更适合，但内容却远不如后者充实。夏刘二氏均有深厚的经史修养，前者为今文经学家，后者为古文经学家，叙事博采经史，内容丰赡，论述有力。尤其夏书不仅以二十四史为底本，取材广博，且史识卓越，进入民国史坛仍广受章太炎、顾颉刚、钱穆、缪凤林等人的赞许，由中学教科书升格为大学教材，曾书无法与之比肩。另一方面，近乎革命宣传品。曾书的时代性很强，反映了当时社会、政治、史学的脉动，但它本身并没有提供多少新知，只是共享了那个时代的思想资源。它与其说是一部史学作品，毋宁说是近乎陈天华《警世钟》《猛回头》、邹容《革命军》之类的革命宣传小册，在近代中国政治思想史上的意义或较之在史学领域更值得发掘。总之，曾鲲化《中国历史》的局限性，随着时间的推移更易暴露，也更易被后来者所覆盖，最终使之进入被遗忘的场域。

此次整理再版曾鲲化《中国历史》上卷，说明如下：(1)文字有所校正，径改，不出校记。除了校正明显错字外，文意不通之处则据曾书所凭借的各种日文书校订。如原书"浚畎疁决川"，查那珂通世《支那通史》，"决"字系"至"字之误；(2)英文人名、书名和地名，原书颇多误拼，现已核实订正；(3)按现今通行的出版要求重新标点；(4)为了尽可能呈现原书面貌，天头和插图一并保留；(5)添初版书影和作者肖像，整理者撰写专题论文《"结构种魂"：横阳翼天氏〈中国历史〉研究》一文代前言，希望对读者了解此书有所助益。

李孝迁
2020 年春于华东师大历史学系

中国始祖黄帝肖像

黄帝者,我现今四万万汉种之鼻祖也,距今四千年前,以巨刀阔斧开辟中国,制造文明,凡我后人一草一木皆受其赐。谨描肖像于书端,令我国国民作一大纪念,以发达我伟大雄毅之种魂,扩张我膨胀纵横之国界。

目　录

首编　总叙　论过去现在及未来大势

甲编　太古纪　汉族发生时代（自有地球以来至五帝）

乙编　上古纪　汉族创国时代(自夏禹至战国)

封建制度　地方制度　专制世之巡狩朝觐　官制　法制
学制　贡举　兵制　币制　税制　农制　工制　商制　东西
洋政治得失之比较

插画目录

中国历史出世辞

现今世界有惊天悸地、骇目眢魂之第一大动物，考古学者迹其远祖，距今四千五百余年，单身由西南亚细亚东徂，盘踞黄河南北，生殖力最盛，膨胀力最富，竞强力最雄，不数十年顷，一哮咆而战胜南方各僮傜，移植其种族于神州大地。厥后其雄杰剽悍之子孙问世而出，尝席祖宗之威势，张牙伸爪，渐次服属东西南北诸种半文半野动物，相传嬗，相交涉，相争竞，相团结，相膨胀，相发达，以至今日。繁衍、充斥、生息、分配于此动物身体者，不下四万万。动物全体面积，共四百万英方里。虽然，此等动物与彪暴欑猛、踔厉无前之乃祖，立于正反对之位置，无脑气筋如北海道之大鲸，无竞争力如意大利之盲鱼，无血气如海中蚊母，木偶耶？顽石耶？枯骨耶？物理家不知其为动物与植物，不辨其为有机体与无机体。大哲学家某乃大声疾呼，以论理学三断法评曰：此睡狮也。一触醒则轰震中天不可遏抑；大历史家从旁证之曰：此二千年以来之睡狮，且腮理其原由曰：当时独夫民贼、巨奸大盗，惧此大狮之显腾云飞空之手段震撼全球也，以神妙无卜之迷药，混浊其脑筋，且桎梏其心腹，钳制其口齿，犹以为未足。剥削其皮肤，翦薙其毛发，丰蔀其耳目，束缚其手足，污秽垢物蒙其全体。久之久之，精髓已涸，血管已塞。于是，此雄崭动物数万万之子孙，皆如沉疴如痼疾，力弱极骨脆极，沉沉二千载，黯黯廿四朝，气息恭然，横卧长睡于亚细亚大陆，遂成不能运动之动物，而落于永静之苦海。

国史氏闻其言而怃然痛曰：压制此动物而斩断其蓬蓬勃勃之生气者，二千年贼民、毒民者之冤孽也。犯万世之不韪，为国民之公敌，祖毒民、贼民者之门阀，而抹煞人间社会一切活泼文化之现状者，则历代史家实尸其咎。夫历史之天职，记录过去、现在人群所表现于社会之生活运动,与其起原、发达、变迁之大势,而纪念国民之美德,指点评判帝王官吏之罪恶,使后人龟鉴之圭臬之,而损益而调剂而破坏而改造而进化者也。今宝其一毛而瓯脱其全体,尊其肉块而敝葆其精魂,甚或牺牲其全部,锄之刈之摧之辱之,以至禁锢之驱逐之杀戮之,徒萃精荟神,效死力于专制君主,以尽奴颜婢膝之本领,指盗贼为圣神,指僭逆为天命,指野蛮为君后,断断正统偏安之争,皇皇鼎革前后之笔,崇拜千百奇妖魔鬼,以奴隶神明贵胄之无量数美男儿,汇积累累串珠之墓志铭,而垄断国民活动荣耀的大历史。浸假而地球独立自营大国民之鼻祖,其单刀直入,开辟中华之手段,史笔削之矣。浸假而挥斥八极,亭毒全球气魄,史笔削之矣。浸假而雷霆万钧,震惊大空之势力,史笔削之矣。吁嗟!吁嗟!其尚得曰中国有历史乎?何配谭有中国历史乎?余一人朕天子之世系谱,车载斗量,而中国历代社会文明史,归无何有之乡。飞将军、大元帅之相斫书汗牛充栋,而中国历代国民进步史,在乌有子之数。举空间时间所有之奇耻巨憾,畴甚于斯者乎?畴切于斯者乎?我国民其犹醉生梦死,依然不醒也乎?今敢正告我国民曰:环球六十二国,皆已掷头颅积鲜血,而购得光明正大完全优美之自由魂、独立魄之活历史,惟我老大帝国骏淫于黑酣乡,郁郁彳亍于十八重地狱,至老死不睹光天化日。

不佞为四万万同胞之国民之一分子,愿尽四万万之一之义务,为我国民打破数千年腐败混杂之历史范围,掀拔数千年根深蒂固之奴隶劣性,特译述中国历代同体休养生息活动进化之历史。以国民精神为经,以社会状态为纬,以关系最紧切之事实为系统,排繁冗而摘要言,革旧贯而造新体,寻生存竞争、优胜劣败之妙理,究枉尺直寻、小退大进之真相。轩文轾野,去锈发莹,以为我国自古以来血脉一统之庞壮国民,显独立不羁、活泼自由之真面目。懿欤铄哉!冲破文明发达之障物,扫荡魑魅魍魉之窟巢。鲲鹏图南,九万里而一息,火山爆裂,尽沙石而横飞,倾轰轰烈烈之壮气,如焰如潮之热心,而撼之摇之搏之震之击刺之唤醒之。欻然睡狮翻身,骎声大动,风起水涌,乾坤震恐,狮子吼,狮子吼,气吞六洲,威夷五种。二十世纪中国历史之特色,必有什伯千倍于十九世纪之西洋反动时代与活动时代也。中国历史出世,谨祝我伟大中国灿烂庄严之文明国旗出世于今日,谨祝我中国四万万爱国国民出世于今日,谨祝我四万万爱国国民所希望理想之自由、所馨香祷祝之独立出世于今日。国史氏自叙于海东独立国之自由阁。

纪元二千四百五十五年正月元旦,酒酣心热、拔剑斫地、叱咤风云之刹那顷。

中国历史内容重点

甲　组织之要素

一　调查历代国民全部运动进化之大势,最录其原因结果之密切关系,以实国民发达史价值,而激发现在社会之国魂。

一　博选东西洋名家所著支那历史、东洋历史,及有关于一部分之希腊、罗马、俄罗斯诸历史,或一时代之实录、纪行等,中国《四库》所储之正史、编年、纪事本末、政书、杂史、传记、地志、学史、史论、外史、考据、注释种种历史,及现今著名之杂志等,凡足供参考者,胥熔一炉而冶之,以增五光十色之特彩。

一　中国第一怪事,建国数千载,无通行之国名,汉唐华夏,朝代假名,震旦支那,外人所命。今姑就普通一般国民之口号,颜曰中国历史,既合名从主人之公理,又足树民族主义之奥援。

一　中国史之位置,崭然为东洋主动力之中心点,此世界历史家所公认。然今不以东洋史名之,盖欲孕育我国民族帝国主义之精神,而执将来世界之牛耳,负任既重,界说自严。至有关于交涉等件,则不问地球之东半西半,概绍介于范围中。

一　人类创造社会之时代,虽经西洋地质学家、考古学家专心研究,然尚未得确实证据。今遵司马迁特例,记始于创酋长政治之黄帝,其神农、伏羲、燧人、有巢等以前之事实,就口碑传说,录其大概。

一　纪年为记录考证所最不可缺之符号,然中国向例以帝王为标准,或一年而屡变,或一人而数易,繁杂不便,极为野蛮。今因孔子为我国历史中第一代表人物,用其诞生之年为纪元。孔子以前,则由一二逆数递推,以期划一而省读者之脑力。

乙 关系之种类

一 历史之起源,变文言之,即记人种竞争之演剧也,故其相关之紧切,如肉体之与精魂。今特发挥种族团体之大义,严本族外族之鸿沟,使爱种保种尊种之念油然而生,以养成种族主义之特质。

一 地理为历史上之根据,平原适农,高原适牧,河滨海涘适经济,寒带熟战术,温带产文明,皆全球公例。今特历述其开通变化,沿革盛衰,使读者就现今国家社会发展之所由,以类推古代国家所循之轨道。

一 教育为文明之母,立国之根原,睹其方针之优劣,足征国民进化程度之迟速。

一 政治为运动各种社会之机关,苟寻其原理存立之所由然,则卜国势之盛衰,如辨菽麦。

一 军事为国民精神,勾践军国民而灭吴,宋弛兵备而亡于蒙古,可知其不能等闲视矣。

一 财政为国家之命脉,生计不治,则人类或几乎息。

一 学术为社会进步之原动力,故尤不可不特注意焉。

一 宗教为德育之本,足觇神经之灵不灵。

一 实业为富国之源泉,特条述其发明改良之方法。

一 风俗为人群上生活运动之写真片,东鳞西爪,皆至宝焉。

一 外交为全国体、张国权、扩国界之好手段,膨胀力之吐口,实嘉赖之。

一 交通之完备,与文明发达之度为比例差,故于历史上亦有直接之关系。

一 绘画肖像在西洋为最重要之科学,尝云累文字万言,不及一片图画,盖其容易感觉,为独一无二之法门。今特博采旁搜,千金索购,以期放一异彩于史界。

一 谱牒系表,足征家督继承顺序,与生殖力发展情形。今特制谱系图、承统表,以供稽考。

一 美术于历史进化亦有等等影响,若制造品,若建筑,若器物,若雕刻等，皆由国土与时代而各异其形质。今考其制作意匠、式样手法之变迁，抑亦观察社会发达之一方面也。

丙　体裁之界说

一　仿泰东泰西文明史及开化史例，分通部为若干编，编区以章，章画以项，项附以节，编界一大世变，章界一小时变，而项多系一事，节概限一意，提纲挈领，脉络厘然。

一　值时势之大变迁，则别视线为二：一叙社会大势之成行，一记社会开化之事迹，读者两两相照而玩求之，则古今社会文明之渊源，其庶几矣。

一　叙述体例，一面为纪事本末的，一面为批评推断的，单刀赤手，出入古今。

一　文笔务求明达畅亮，意味浓深，使读者悲愉交作，感情勃发。盖二十世纪文学革命时代，例应尔尔。

一　凡替国民造幸福，或为国民公敌，混浊一切社会，及关于全体之要点者，必著论绠之铖之纪念之，或指点评判于其书眉。

一　每编尾必综论其时代之社会与国民之情状，使读者按其统系之活脉，以吞纳四千余年历史上舞台之万因万果。

一　文所不能尽者，详之以图，图所不能穷者，通之以表，如官制图、兴亡表等，皆简要之良法也。

一　各编终所列科学发明、大事一览表，皆就读者记忆之便而设。

编者初研究史科，学浅识陋，覆瓿自惭，海内外同志，幸匪不逮，惠以瑶函，当拜受之，以期补正。

横阳翼天氏谨识

中国国号变迁纪实

（一）本国所称

中国者，惯于革命之国也。创世以来数千年，屡经朝家之兴亡，国号随变，无一定之称，其民间口号最古者曰中国。黄帝一统以来，已有此名。盖太古国民，以为位世界之中央，故取世界主义之名词，表其目的。

> 中国

其次曰中华，曰华夏，曰中夏，曰华土。中者，中国之省文也。华字之起原，在未辟以前。中国开基祖东渐时，途经昆仑山下，有雄大之邦曰花国，心醉其隆盛，因记于脑以传其子孙。花与华同，后人继始祖之志，遂称为华。夏所以纪念大禹治洪水之功德也。土，土地之谓，有国者固有之名词也。

> 中华、华夏、中夏、华土

又有泛称其境域曰天下者，犹罗马人之称其领土曰阿毕士（Orbis）（Orbit，地球轨道之语原），或曰四海，或曰神州，亦皆世界主义之理想所构出也。

> 天下、四海、神州

历朝名号，如唐、虞、夏、商、周、秦、汉、隋、唐，皆以君主初起之地，或封地爵邑之名，为全国之总称，但与前朝相别而已，非择嘉名美号，以自光夸。然如南北朝时代之南齐，及金元明清等，则特建美名，以为国号。齐太祖萧道成取谶书中"金刀利刃齐刘之"言名齐，金太祖阿骨打取金坚不坏之义称金，元太祖忽必烈取《易经》上《象传》"大哉乾元，万物资始"之义名元，明太祖朱元璋取"大明照临"之义名明是也。

> 历朝名号之由来

正式公文，于国号上加大字者，自元朝始，明清袭用之。元以前所谓大汉、大唐、大宋者，皆臣子及外蕃尊称之词，现今各国对于外交上通用大字。

> 国号上加大字

（二）外国所称

支那

　　外国之称中国，以支那为最普通。昔秦始皇并吞六国，一统天下，威震于四境，附近人民，遂呼其地曰秦（Chin），后转讹而为支那（China）。西洋人之航海于南方马来岛者，译播支那之名于西方。至其入中国者，则由于佛徒之手。

至那、脂那、莫诃至那、摩诃支那、震旦、振旦、真丹

　　据中国所翻译之佛书，有至那、脂那、莫诃至那、摩诃支那等，皆与支那同其语源。又佛书中有震旦、振旦、真丹等，亦自支那拼出，此即印度人所云支那斯他拿（Chinastana）之转音也。支那斯他拿者，支那之国之义也。斯坦者（Stan），国之义也，如阿富汗斯坦（Afghanistan）、俾路芝斯坦（Baluchistan）、土耳其斯坦（Turkistan），其语尾皆然。盖转讹音译，皆声音的文字，不可以意义解释之也。彼《翻译名义集》（宋释法云撰）云：震旦之起原，因东方属八卦之震，为日出之方位，故曰震旦。《华严经音义》（唐释慧苑撰）云：震旦之语源，基于梵语，有思惟之义，皆不通译音之讹转，而空费无穷思虑，以附会所译之字之意义者也。

　　抑古来西洋人，以种种名称呼支那，大抵北方由陆路经由，南方由海路经由。上古因色列斯（Seres）、色利迦（Serica）、色拉（Sera）等名称，得知支那之事。及中世，以加塞（Cathay）被知。厥后新（Sin）、秦（Chin）、栖连（Sinae）、支那（China）等名称流传于西洋各国，始颇悉中国之要领。

色列斯、色利迦
色拉、加塞、新、秦、栖连

色列斯等之起原

　　色列斯、色利迦之起原，由中国输出之绢布，与西洋人陆路交通也。盖中国自古以蚕丝之产地有名，其蚕丝所制造之绢布缯彩，夙为外国人所爱好，其贩路经印度、波斯，遥达于欧罗巴洲，罗马国市民特珍重之。其原产地，即指支那，而色列斯、色利迦之定义，即绢之产地之意旨也。此语原有二说：

　　（一）缯音，朝鲜人曰色女（Sir），蒙古人曰色列克（Sirek），满洲人曰色女颉（Sirghe），数传至西洋，遂为色列斯、色利迦等音。此说见法兰西人列依洛氏（Reinaud，西洋纪元一七九五年至一八六七年）之《罗马帝国及东方亚细亚》

（*l'empire romain avec l'Asie orientale*）及德意志人克拉布洛虎氏（Klaproth，西洋纪元一七八三年至一八三五年）及英吉利人拿萨母氏（Latham，西洋纪元一八一二年至一八八八年）等所著各书。

（二）缯色为黄，黄语图伯特语呼色女（Ser），土耳其语呼萨利（Sari），蒙古语呼射拉（Shara），而图伯特语又呼黄与东（East）同，曰色女，东方（Eastern）则云射女（Shar），因地迁转，遂变为色列斯、色利迦。此说见英吉利人拉克伯里氏（Terrien de Lacouperie）之《古代支那文化起源西方论》（*Western Origin of the Early Chinese Civilization*，西洋纪元一千八百九十四年）

西洋人记述色列斯等之起原者，以叙利亚之地理、历史学家斯都拉波（Strabo）为最古（西历纪元前六十年顷至纪元后二十五年顷），其次为罗马之地理学者美拿（Pomponius Mela，西历纪元第一世纪时代）及布利列（Pliny，西历纪元后二十三年至七十九年）及埃及之天文、地理、算数学家多列美（Dolemy，西历纪元后第二世纪顷）而皆确指支那。要之，色列斯等之名称，皆近于中国之中央亚细亚地方诸商贾所传，而大略西洋人呼支那者，惟知亚细亚东方有绢缯本产地之一大国，非直接而知其所谓色列斯之国状也。

次加塞之名称，起原于欧洲第十三世纪顷。当中国之宋初，契丹辽勃兴于北方，中央亚细亚人译契丹之音（Khitan）讹转而为欺带（Khitai），或曰加带（Kathai），遂递变而为加塞（Cathay）。至今俄罗斯人及中央亚细亚人之多数，尚呼中国为欺带。而当时对于北部称欺带或加塞，对于南部（即南宋地方）呼蛮子（Manzi、Mangi、Manci），此即南宋当通古斯人种之优势时代而被称蛮子（Mantan）之原因也。

次新或栖连或支那等之名称，其最初记述之书，为希腊罗马之学者。多列美氏及马女西安士氏（Marcianus）之《页利斯列安海》（*Periplus of the Erythrean Sea*）之案内记，系西

加塞之起原

历纪元第一世纪顷之著作。此书所谓"页利斯列安海"者，自今日之红海、阿拉伯海、孟加拉湾等至中国南海之总称也。

就支那名称之起原，西洋人之所说，其最著者，大略有三：

秦朝起源说 （一）自秦始皇之秦而起者。法国颉斯德派之宣教师马女吞马基利氏（Martino Martini，西历纪元一六一四年至一六六一年）始倡此说，其所著《支那新地图》（*Atlas Sinensis*，西历纪元一六五五年）等，均用此名号。

马来起源说 （二）自马来语而起者。马来人上古呼中国南部曰支那，故西洋人由印度洋经马来半岛之方面，得知支那之事者，遂借用马来人之语而称为支那。此说见利西德科玄氏（Richthofen）之《支那》（*China*）及克拉布洛虎氏之《亚细亚见闻记》（*Mémoires Relatifs à I'Asia*，西历纪元一八二三年）

滇国起源说 （三）自滇国而起原者。前汉时今云南省云南府附近之地，即中国之西南部，而南方即今缅甸、暹罗地方，尝与滇国交通贸易，因滇国（Tsen）之音，遂转讹而为支那，暂由印度洋方面传于西人。此说见拉克伯里氏之《古代支那文化起源西方论》。

此外关于支那之诸名称，如优鲁氏之《加塞》（Colonel Henry Yule，*Cathay and the Way Thither*）亦有参考之价值。

首　编
总叙　论过去现在及未来大势

第一章 历史之要质

一 定 义

中国无历史学，所谓《二十四史》、《资治通鉴》等书，皆数千年王家年谱、军人战记，非我国民全部历代竞争进化之国史也。今欲振发国民精神，则必先破坏有史以来之万种腐败范围，别树光华雄美之新历史旗帜，以为我国民族主义之先锋。故参酌东西洋历史通体，确察我国民缺少之原质，核定大义，以叙述古今人群进化之大势，盛衰隆替之原因结果，及万般社会之重要事实，为独一无二之主脑。

二 目 的

历史学者，为学界最闳富最远大最切要之学科，社会上之龟鉴，文明开化之原理，国民爱国心之主动力也。西哲有言：读《英雄传》，令人勃发国家思想；读《民约论》，令人勃发政治思想。故历史学之目的无他，求其温故知新，导未来之进达而已矣。

三 因 果

古今社会事物，无巨细鸿纤，皆有原因结果二大关键。人类之初生，发源于六十四种原质，而其原质混合之结果，则化为人体。春秋战国,当棼乱之时,诸子百家竞起,互相反动,生四种分子,如周制之败坏,如学者之极困难,如学者之被重用,如学者之互竞争轧轹,皆由学界造事实关系之原因,故其结果也,令学术达绝代之盛。是故读历史学,不究其原因,察其结果,则不明事实之关系。不明事实之关系,则虽读尽古今史乘,诚所谓记诵词章,无裨社会,徒枉费贵重之时日,损害有用之脑筋而已。

四　进　化

近世以来,英国大哲学家达尔文、斯宾塞等,阐发天演公理,曰:社会者,经岁月而愈复杂者也;人智者,经复杂而愈进化者也。余谓历史学之精神,亦以此为根据也。我国当上古之时,四邻皆蒙昧野蛮,殆与禽兽无异,独汉族暗夜放星辰之光,以文明照人耳目。洎秦汉而降,进化之度极迟,虽谓中国人气质,有是古非今、尊中贱外、保守照例、傲慢自大等病,然其最大之原因,未始非沉沦于专制政治之黑暗时代,而结成此腐败不堪之秽果也。今者,欧风美雨,腾播神州,志士仁人,洋溢社会,愿我国民乘此进化之潮流,淬厉固有之文明,发挥之,光大之,燃自由之电光,演独立之活剧,以与白皙人种鏖战于优胜劣败之场,而造一空前绝后之文明世界。我国历史进化之特色,其馨香祷祝于将来之爱国儿乎!

五　时　代

中国历史旧例,只区朝代而无时代之分。此蔽读史者之智识,塞读史者之感情之大端也。今综览古今世运之大势,民族之盛衰,社会之变动,分为诸时代,使读史者面目一新,其大略如左。

甲编　太古纪　汉族发生时代

乙编　上古纪　汉族创国时代

丙编　中古纪 $\begin{cases}\text{上期　汉族优胜时代}\\\text{中期　汉族与外族势力平均时代}\\\text{末期　汉族全盛及外族复炽时代}\end{cases}$

丁编　近古纪　汉族与外族冲突时代

戊编　近世纪　外族极盛及东西两洋交涉时代

己编　前世纪　汉族复盛及西力东渐时代

庚编　现世纪　汉族衰微及极东多事时代

第二章　地势略说

一　位　置　及　境　界

居太古世界六大文明国之一（埃及、印度、墨西哥、秘鲁、墨索波达米及中国为文明发轫之六大祖国），位现今地球上第一之大洲，占其洲中第一之版舆者，是为亚细亚中国。北极出地十八度强至五十度弱，经度偏东七十三度弱迄百三十四度有奇，占东亚细亚全部及中央亚细之半部，东以黄海、东海及长白山脉接于朝鲜、日本，北以阿尔泰山脉外兴安岭及黑龙江，界俄领之西伯利亚，西以葱岭天山山脉，枕俄领中亚细亚，南以喜马拉耶山脉（即雪山）及南海，境英领印度及法领印度支那等地。

二　面　积　及　区　划

东西长约七千九百余里，南北幅凡五千八百余里，面积有四百五十五万余方里，占亚洲全土三分之一，超过于欧罗巴、澳大利亚各洲，国内大别为中国本部、满洲、蒙古、新疆、西藏五大部。

中国本部　　中国本部，历史之演剧场也。面积凡百四十五万余方里，为中国固有之本地。土地丰饶，人烟稠密，亦冠于全国。清朝置十八省，分辖之，直隶、山东、河南、山西、陕西、甘肃六省为北部，江苏、安徽、湖北、四川、贵州、湖南、江西、浙江八省为中部,福建、广东、广西、云南四省为南部。北部多为历代建都之地,黄河左右,古称中原,治世则会文物,乱世则冲干戈。中部势力常不及于北,然土田之沃饶,水运之便利,则远过之,我国富源之地也。南部昔为荒裔之地,自与欧洲各国通商后,埠头并设,轮舶云集,遂为贸易繁盛之区。虽然,今日时迁势异,北部地势最不适用于交通世界,故历史上之舞台,全掌握于中南二部矣。

满洲位本部东北,面积凡三十七万余方里,分奉天、吉林、黑龙江三省,故一称东三省,古肃慎、靺鞨、渤海及辽金等建国之地,清朝亦勃兴于此,亦历史上有关系者也。 满洲

蒙古位本部西北,分四大部,曰内蒙古,曰外蒙古,曰青海蒙古,曰内属游牧部,面积约共百五十四万余方里,古匈奴、突厥之故墟也,成吉思汗亦起于此地。然近时颇受俄人迫胁,与满洲皆将不保云。 蒙古

新疆位本部正西,分南北二路:北称天山北路(一曰伊犁),即旧准噶尔之地;南称天山南路(一曰回疆),即《汉书》所载西域三十六国故地。面积约六十五万八千余方里,即阿拉比亚人、土耳其人始与中国交通之地也。原属中国藩部,近改建为省,直隶于中央政府。然其主权,实握于俄人之手。 新疆

西藏在本部西南,亦分东西二部:东曰前藏,西曰后藏,面积合青海,约共三十三万余方里,古吐蕃、乌斯藏地。今为英俄所觊觎,有岌岌不可终日之势。 西藏

三 山脉及水流

中国之大山脉有数条,而以昆仑为最,其本脉自葱岭起,跨伊犁、西藏之间,蜿蜒趋东,分为数支。其东南入本部者,有二派:一曰北派山脉,自四川、甘肃两省之界,连亘于河南、湖北、安徽诸省,岷山、剑山、荆山、秦岭、终南、大华、方城、桐柏、天柱诸山,皆在此脉中;一曰南派山脉,自云南、贵州二 北派山脉 南派山脉

昆仑山之图

稍北山脉　省,经广西省内,起伏于湖南、广东、江西、福建诸省间,遂入海为舟山群岛,越城、骑田、大庾、九疑、武夷诸岭,皆在此脉中。其稍趋于北者,过本部与蒙古之间,衍为祁连山、贺兰山、阴山、兴安岭,又分为翳无闾山、长白山。天山山脉横断新疆中部,东接哈密,西入于土耳其斯坦。喜马拉耶山脉横贯西藏与印度之间为其界,其长凡四千八百余里,中有二千四百余丈之高峰,为世界第一。阿尔泰山脉绵延于蒙古与西伯利亚之间,分二支:一接兴安岭,一至黑龙江上为外兴安岭。又山西山脉与阴山相连者,其长岭称太行山,高峰称恒山、霍山。惟山东山脉自旅顺渡海而起,不与诸大山脉相连,其高峰称泰山、沂山。

黄河　　中国大川有三:北曰黄河,南曰扬子江,贯流南北者,曰大运河。河源有二,均发于伊犁边外之塔什塔尔岭东麓,北曰喀什噶尔河,南曰叶尔羌河,均东行六百余里,合而为塔里木河。又东行千余里,汇为罗布泊,又伏流沙漠山脉下,东南行千余里,重源出于星宿海,东北行,经甘肃,出长城,折东而北,环内蒙古鄂尔多斯旗,是为河套。入长城,经陕西东、山西西,复折而东,经河南,折北流,穿山东,夺大清河,入海,长凡万里,其水常混浊,带黄色,流势甚急,暴涨时,泛滥为害,然下流常为转运之要道。支流大者,左有汾水,右有渭水、洛水,江源出于青海,曰金沙江,转东北流,经云南、四川,会岷江及嘉陵江等,流势颇大,称大江。又东行经湖北、湖南,北会汉水,南会沅、湘、资、澧等。又东行经江西、安徽,会鄱阳湖诸水。又东行经江苏,称扬子江,入于海,长凡九千里。此我国东西交通运输之大动脉也,船舶上下,络绎不绝,沿岸有开港场十余,即东西洋所谓支那富源扬子江者也。然今日英国欲儗于印度之恒河、印度河,而以商务沦灭我国,岂不危哉。大运河开凿于隋炀帝,自浙江省,横江河下流,达白河,长凡四千六百余里,运输南方谷物于北方,为南北交通之大动脉。之三河者,于我国文明开化,有紧要之关系,其余北有白河、淮水、辽河、混同江、色楞格、额尔齐斯、札布噶等,南有珠江、闽江、浙水等。又洞庭湖、鄱阳湖、丹阳湖、太湖、洪泽湖称五湖,有输运灌溉之便。

（右栏）大江　大运河　五湖

四　沿海之形势

我国海岸线,较面积为短,延长不过九千里,今举其重者。东北海岸,有浦盐斯德港(即海参崴,现为俄所占),其西南有渤海,拥辽东半岛及山东半岛、大连湾旅顺口(均租借于俄)、牛庄、天津、芝罘、威海卫(现租借于英)等良港在焉。折东南为黄海,群岛星罗,有第一之军港曰胶州湾(租借于德九十九年)。黄海之南为东海,沿岸多出入,有第一之开港场曰上海(现为各国公地),及钱塘江口、舟山列岛等,皆便于碇泊。又南为中国海,有厦门、汕头及香港九龙(现为英国领地)、澳门(现为葡国领地)、广州湾(现为法国驻兵之地)等良港。再南为琼州岛,一称海南,岛内肥沃,为法兰西觊觎之地。以上所举要港,十之九入各国势力范围中,不知我国民将何以报复也。

（右栏）沿海形势

五　地 势 及 地 味

地势　　地势分三区:曰山地,曰丘地,曰平地是也。贵州、云南、四川、甘肃、陕西、山西七省,及西藏、伊犁、满洲、蒙古,概为山地之区。广东、广西、湖南、湖北、江西、福建六省,概为丘地之区。直隶、山东、安徽、江苏、浙江五省,概为平地之区。要之全国地势,山地最多,殆居五分之二,丘地次之,平地又次之。

地味　　地味各方不同,然丰饶者占多数,山东、江苏、浙江、安徽、湖南、湖北诸省,以地势平坦,水利极便,土壤最丰腴。西藏土地虽高峻,然为金沙江及南亚细亚诸大川(澜沧江、潞江、布喇布特喇河、印度河)发源之地,有泉流灌溉之便,故间有膏土。满洲地方,以松花江、嫩江等水流,纵横域内,不少沃壤。云南、贵州、山西、甘肃诸省,干燥而不便稼穑。蒙古及新疆地方,以戈壁(一曰瀚海)大沙漠之干燥地,纵亘六千里,横连数百里至二千里不等,压塞山脉,故不适于耕作,然牧畜之利,颇足自豪。

六　气 候 及 物 产

气候　　气候由方位而各异其度,南部以半入热带,夏季炎热异常,又多瘴气,不适于卫生。中部为我国第一快适之地,中和温暖,终岁平均,不下华氏五十九度。云贵诸省,风雨最多,非乐地也。直隶、山西二省,寒热均达于高度,热则如熏如蒸,寒则行路者之须,冻如银针,吐唾未至地而冰已结。陕甘诸省,寒颇烈,暑不亚于直隶、山西。满洲地方,寒等于山西、直隶,暑颇减于陕甘。西藏为地球上第一高地,虽平地高于海面至万余丈,故炎热极烈。惟蒙古、新疆等地,寒暖无度,气候随地随异,数里内即有数种气候,或七八月之交,雨雹而损害禾谷,或甲地雹雨交作,而乙地白日照临,盖沙漠地方之气候,皆此类也。

物产为我国第一之特色,米谷、茶、蚕丝绵及磁石等名产,世界无有出其右者。而米谷以中部山东、河南、江苏、浙江、安徽、江西、湖南、湖北诸省为代表地。茶以江苏、安徽、江西、浙江、福建、河南、湖南、湖北、四川及山东、广东、贵州、云南诸省为代表地。蚕丝绵以浙江、江苏、河南、四川、贵州诸省为代表地。此五者,皆我国最重大之富源也。其他若绸缎、若砂糖、若料材,皆贩卖于海外。又珠玉、煤盐、香料等最富盛,足以富国养民。又满蒙塞外,牛、马、骡、驴、骆驼诸物,充斥无数。新疆、西藏等地,金、银、铜、铁、锡、铅、玉石、毛布诸品,亦有恒河沙之观。

物产

七　历代方舆沿革

太古时,我国民之根据地,起点于黄河两岸,由陕西地方,沿河东下,为人物辐辏之所,盖文化开发之渊源也。迄黄帝崛兴,辟地至大江以南,东抵海,西界崆峒,北阻釜山,是为我国扩张界线之第一期。夏禹治洪水,复黄帝之旧,历夏商周三代,均无进步。至春秋战国之世,列国争讲拓地殖民政略,秦取西南各部,楚灭南邦,燕辟东北之地,赵拓北徼,及秦统一时,版图已数倍于前期矣,是为我国扩张界线之第二期。厥后至西汉武帝,征略四方诸国,南至安南,西至土耳其斯坦,北至蒙古,东至朝鲜,是为我国扩张界线之第三期。其后虽伸缩无常,然小退大进,至后汉班超平西域,领中央亚细亚全土,是为我国扩张界线之第四期。虽然,汉室渐乱,威令不及远,中国本部,三分为魏蜀吴,至晋而一统。无几,外族起北方,占据我土地,晋仅保残喘于江南,寻而为南北朝。中国疆域,遂分南北,消长无定,然隋统一南北,扩其版舆,至唐太宗更破突厥,服西域,其境域自中央亚细亚及于西伯利亚地

黄帝第一期

秦皇第二期

汉武第三期

后汉班超
第四期

方,是为我国扩张界线之第五期。尔后乱争迭起,遂成五代十六国之势,界线颇缩小。至宋世,契丹、西夏、女真等偪强,历史所关之界线虽大,然我汉族势力,划于河南。洎蒙古勃兴,我汉族无土地权者九十年,然其疆域奄有亚细亚大半及欧罗巴东部,后并略中国本部,是为我国扩张界线第六期。

明之幅员,仅局于中国本部,其西北一带,为元之遗族所领。至于清朝,复有今日之势,是为我国扩张界线第七期。

第三章　人种略说

一　汉种（本族）

　　东西洋历史家，尝曰支那历史者，汉人种之历史也。盖我国之所以有今日者，实汉种之所赐。其先自帕米耳高原，东行栖今西北地方，渐渐侵入江河中央要地，驱逐苗人种于南方，而敷文化，遂蕃殖于中国内地全部，世握帝王之特权。其性质温良，皮肤苍白而带黄色，体格端正，生活之度最高，且夙讲政理，重道德，脱野蛮之

汉人种之图

域甚早。即今文化之度，智识之富，究非他人种所能望其项背。故不独于中国占第一等位置，即于世界亦在最优之列也。

二　蒙古种（即鞑靼种）（外族）

　　蒙古人种，分为三族：萨拉族住蒙古之北、东南等部，哀

利攸支族及加耳木交克族住于西部。其先殖于西伯利亚之贝加尔湖一带，后分播外蒙古，蔓延于天山北路，均以牧畜为业，逐水草迁徙。其性质勇悍，体格伟大，善战斗，近世元太祖及帖木儿、毕布耳、修曼西公王等，皆由此族而兴。而太祖并吞欧亚诸国，帖木儿亦并吞欧亚诸大邦，毕布耳、修曼西公王并略有印度温都斯坦全土，在中国历史中为第二之位置。

蒙古人种之图

三　通古斯种（即东胡种）（外族）

通古斯人种

通古斯种最复杂，俄国东部西伯利亚之土人亦属此种，然其大部落，概散播于满洲。容貌、躯干、皮肤、面目，殆等于汉种。其先为肃慎、挹娄、勿吉、靺鞨等，至晋时，始入汉土，为五胡之一。后魏遂以东胡建立大国，北齐后周以其种类继之。洎宋时，辽金崛起，雄视北边。

通古斯人种之图

近来清朝自此人种勃兴，以宁古塔小部落，一统数千年数万里雄美丰腴之庞大帝国。爱新氏百万人（此指太祖时而言，现增至五百七十余万），奴隶四百兆神圣华胄光荣赫奕之汉族，于是世始认之为贵种。

四　土耳其种（即回回种）（外族）

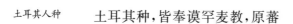

土耳其人种

土耳其种，皆奉谟罕麦教，原蕃

土耳其人种之图

衍于内外蒙古,今分孳天山南路及扬子江上流,凡中央亚细亚一带地,多为此族所占据。其先为周之獯鬻、猃狁,汉之匈奴,南北朝之柔然,隋之突厥,唐之回纥。今欧洲之土耳其帝国,系此族所建,其于我国亦为有势力之人种。

五　西藏种(即图伯特种)(外族)

西藏人种,以前藏、后藏为根据地,蔓延于青海及云南、甘肃各部,及克什米尔、尼波耳及缅甸一带地方。自称印度刹帝利种之裔,其实殷周之氐羌,秦汉之月氏,唐之吐蕃,南宋之西夏等,皆属此族。盖蒙古、印度两种,混合而成者也。多事耕织,又善工艺,信佛教甚深,有教王曰喇嘛,国人以国字译佛经甚多云。

西藏人种

西藏人种之图

六　苗种(外族)

苗人种之图

苗种者,我国最古之人种也。初殖民于江河之间,古称三苗,一曰有苗,或曰荆蛮(即唐之南诏)。然性极顽陋,无竞争力量,卒为汉种所驱逐,遁窜南方。今则杂居四川、湖南、云贵等省,及依拉瓦底河上流区域,又分小支,殖于西藏之西南部及安南、暹罗等地。其种名

苗人种

甚众,在湖南、贵州交界之地者曰苗(分生苗、熟苗二种,二种之中又分为七十二种)。湖南、两广交界之地者,性质强悍,貌似猺而皮肤赤黑,人即称为猺,贵州西部者曰猓猡,云南地方者曰獠,其在四川者曰爨,盖以苗为各种类之通称。生活

之度极卑,为众夷中之最劣种,今孳殖于依拉瓦底河及西藏、暹罗、安南等地者,殆为自然淘汰之结果所渐灭,世界种族部中无其名目矣。

七　历代人种沿革

前所举六种,以汉人种为历史之大主干,其余五外族,皆骈枝也。枝干相乘,得历史之全局。汉人种自西北各部,渐渐南下,逐苗种,遂占势力于中国本部。经夏殷至周,始有与土耳其人之关系,攘斥猃狁种族,其铁证也。洎春秋时,土耳其人杂居本部,试其侵略。战国之际,匈奴的土耳其种寇北边,渐逞暴掠。及秦一海内,筑万里长城,外族不敢窥中原者四十余年。至汉初,复入寇,然武帝崛兴,长驱土耳其人种于沙漠之外,厥后立功绝域者,史不绝书。然自三国至晋,正汉人种衰乱时代,于是匈奴与羯的土耳其种,鲜卑的通古斯种,氐与羌的西藏人种,侵入中国内地,以攘夺争斗为事,而汉种跼蹐于江南小天地而已。至于南北朝,北朝以通古斯种为代表,南朝以汉种为代表。及隋统一海内,汉种复盛。至唐太宗时,破土耳其人种,服西藏种族,征扶余人种,大扩版图,汉种之声威,振于绝域。虽然,日中则昃,月盈则食,唐之中世,土耳其人种,因天宝之乱,跳踉西北,吐蕃的西藏种,回纥的土耳其种,亦屡肆侵略。迨至唐末,称为沙陀的土耳其种,大恣其势力。五代之后唐、后晋、后汉,皆由此人种而兴,而契丹的通古斯种,亦于是时鹊发东方。宋太祖以汉种勃兴,虽稍复其势力,然不及唐太宗远甚。其后称为西夏的西藏种,与契丹并强,为中国患。后称为女真的通古斯种,起而灭契丹,然宋亦一旦为其所弱。当是时,有成吉思汗者,崛起于蒙古人种,并吞亚细亚大半,蹂躏欧罗巴东部,遂灭西夏的西藏种,攻通古斯种。尔后其子孙与宋约灭女真,忽与宋有违言,灭宋而扫荡中国本部,是为外族统一中国之始。虽然,不及百年,明太祖起自汉人种,电扫蒙古人种而立国,其后与外族关系颇繁,而西力亦东渐。今清政府者,起于通古斯种,灭明而夷汉种,又征服蒙古人种、土耳其人种而立一大帝国,是为外族统一中国之终。

　　国史氏曰:二十世纪之世界,帝国主义之世界也。帝国主义之时代,种族竞争之时代也。横览地球各国分合之原由,莫不以地形之区域,民族之种类,为天然之鸿沟。虽然,惟我国文明程度之高,化合力之强盛,自古已著,上下数千年,外族之犯我中国者屡屡,然皆为我国政教风俗之文化力所熔铸,而失其异种之实。今敢正告我国民曰:中国者,汉人种之中国也。自今以往,须各振其国民精神,脱外族奴隶之羁轭,恢复我汉种固有之国之权力,发挥我汉种固有之优等文化,而抹煞外族一切界限而吞吐之,然后雄飞于二十世纪之世界,以与白皙人种竞争。

第四章 历代兴亡盛衰通论

搏搏全球,立国者何限? 虽然,问其国之体制政治如何,则立君政治者贵族政治也,共和政治者立宪政治也,或为专制政治,或为联合盟约政治,或为(德士波支克)的政治,或为(德枯拉西)的政治,虽由其国势各异,而体制之区别,彼此判然无疑也。然独中国之政治,包括以上各政体,造成空间时间所未曾有之怪状,而其最混浊社会、污坏历史者,即钳制自由精神,所谓愚民的专制政治也。

太古邈矣,唐虞之世,禅让主义最盛,如尧舜不传其王位于子而让于他人,盖当时民族之势力颇强,非公共所奉者,不得为天子。故天子之权,未足以制驭天下,此盖禅让主义行于唐虞之所由然也。然当时所谓禅让者,虽近于今日共和政治,其实宁谓贵族政治主义为适当。洎禹汤始建一统之政府,扩张王权,然犹未有制驭天下之全势力。

周之兴也,其德义,其武力,复超前代。以文王、武王英迈之姿,辅以太公望、周公旦等之政治家,王政统一,始启其绪,立君政治之主义,渐渐实行,同时成封建之形势。其初封建诸侯,四周于天下,合而为会盟,离而为藩屏,秩然有制。及君相智德一衰,人心共失,内外诸侯,离叛相踵,一变而为春秋战国,周政府全失天子之主权。春秋时有列国十二,晋齐运一世之英才,以执诸侯之牛耳。楚秦吴越,逞卓越之才略,相踵而起。其一般政治,恰成日耳曼联邦之形(曩奥大利为南北日耳曼盟主,普鲁士为其所制,今普鲁士执牛耳称霸,与周时齐桓、晋文迭为盟主者,殆有相类之点。今日耳曼由各种之联邦而成,北方日耳曼为普鲁士、萨撒梅、格棱堡等,南方日耳曼为巴威里、瓦敦堡、巴丁等。分之虽如弹丸黑子,合之则土广民众,呼吸相应。奥国日耳曼者,奥大利、波希米、磨拉伯等,匈加利与奥国,成联合政治),列国各殊其体,制度、风俗、经济、法律,区区而错杂不一,殆所谓一种盟约联邦政治者也。至于战国,群雄割据,盟约联邦政治之体制始破坏。故周之政治,其初为立君政体之封建政治,其中移于盟约联邦政治,其终流为群雄割据。

秦孝公以神武聪明之姿,屹立于韩魏齐楚燕赵之间,坚定进取主义,养士练武,雄视一世,六国人主,逡巡不敢撄其锋。孝公自是时制列国,隐然开建设一统王室之基础。尔后雄主明君,相继遵孝公主义,广辟土地,至始皇藉其余力,以创一统之局。李斯以一世之政治家,大更革制度,尽与古代儒者反对,断然施行郡县政治,中国于是纯粹的立君政治主义乃实行,其政治之进步,最有显著。虽然,限于专制政治及压制政治之害,为我国史之最大污点。当时国民中代表之陈、吴,乘机而起,群雄继之,虽覆其社稷,然卒不能扫灭专制政治之窟穴,一波去而一波又来矣。

汉高祖原起于泗上之一亭长,与项羽共逐秦鹿,遂亡秦。羽为西楚霸王,高祖以狡猾手段,驾驭群臣,灭楚而建一统之王宰,行专制的立君政治主义。帝崩,虽有吕氏之乱,而文帝仁政,足以补之。然高祖以来,外族匈奴的土耳其种方炽,汉室天子皆避其勇。既而武帝逞亚历山大、拿坡仑第一之雄才大略,一定进取之方向,善谋善断,三发大军,破匈奴,陷其巢窟,夺天山之险,驱逐匈奴于漠北,大为我国民吐气。汉之武威,轰震于中央亚细亚地方,由是匈奴不复为患。然宣帝以后,渐萌外戚之祸及于成帝。外戚为政,王莽代汉,称新帝者十五年。新莽以一时之智力,笼络学士,即帝位,国民怨望,天下复乱。光武以英主起兵,铲削群雄,镇定海内,于是立君政治主义复行。明帝、章帝间无事,其后宦官与外戚两反动力相表里,一起一仆,遂至于亡汉。要而论之,西汉外戚盛于宦官,东汉宦官盛于外戚,惟外戚盛,故初则产禄几危汉祚,后则王莽遂移汉鼎。西汉宦官弘恭、石显辈虽尝擅权,不如东汉之甚。故西汉自宣帝以后,可谓为立君政体的外戚政治。至于东汉,外戚、宦官更互弄权,以宦官制外戚常胜(如郑众之杀窦宪,单超之杀梁冀是),以外戚谋宦官常失利(如窦武之前杀,何进之后杀),是亡东汉者宦官也。故东汉自章帝以后,可谓为立君政体的宦官政治。

国史氏曰:翻尽地球各国古今历史,检阅专制政治时代,如法兰西半为立君政体之贵族政治,半为立君政体之僧侣政治。德意志半为立君政体之贵族政治,半为立君政体之官吏政治。虽其擅权作威,刍狗一世,然未有如我国宦官、外戚之可耻不堪道者也,而宦官为尤甚。宦官者何? 地球上最秽浊之下等动物也,以口舌为干戈,吸国民之髓,饮国民之血,昏天迷地,置我国历史于黑甜乡之中,皆此下等动物所吹嘘之、叠积之也。我国民盍一洗二千年来痌瘝污坏之宦官,而放一异彩也乎?

东汉之末,群雄交据一方,智勇相制,风云变色,实极一代之奇观。曹操据北魏,以权术钳制一世,孙权据东吴,以意气相尚,刘备据西蜀,以宽厚待人,成鼎足之势。然皆不能建设一统之王室,而亡于晋。盖当时智勇杰出之英雄,各抱帝王思想,智力势力平均,无一足以制驭天下者,所谓割据政府也。晋司马懿以权略创业,司马师、司马昭相继,其才略智谋,固自与驽马之魏蜀吴不同,至武帝遂建设一统之王室。然其嗣惠帝庸愚,贾后煽乱,八王构兵,外族乘之,怀愍为虏,受青衣行酒之辱,为我国侮于外之起点。天下瓜裂,琅琊王睿退据江东,厥后数帝仅支偏安之局。幸王导、谢安等俊士,先后当国,祖逖、陶侃、温峤及谢玄、桓冲等爱国之士,力拒外族,厘定内治,然不及数年,晋亡而刘裕代。

当晋之时,中原大乱,纵横凡十六国,外族五胡为最大。刘渊以匈奴的土耳其种居晋阳,石勒以羯的土耳其种居上党,姚氏以羌的西藏种居扶风,苻氏以氐的西藏种居临渭,慕容氏以鲜卑的通古斯种居昌黎。刘渊负英迈不群之材,一剑投袂而起,搅乱四百州。石勒自许磊磊落落,日月皎然,皆可谓一时之杰物。慕容跳沉毅而有权略,苻坚用王猛而扩疆土,姚兴能用武修文,亦是稀世之英才也。要之五胡之乱,与晋相终始。洎晋亡而后魏拓跋珪兴,经营四方,建立强国,天下遂亡,分为南北。南朝宋武帝代晋,传至顺帝。齐太祖继之,传至和帝。梁武帝代齐,至敬帝。陈武帝代梁,传至长城公,为隋文帝所灭。盖自宋至陈,强权相尚,君视臣如草芥,臣视君如寇雠,百七十三年间,祸乱殆出于一辙。北朝魏道武帝,自晋末勃兴,至宋元嘉之时,国运方旺盛,其君如太武、孝文,其臣如高允、崔浩,皆仿中国文明,大兴文教,凡百四十九年。而尔朱荣构乱,高欢(北齐之祖)、宇文泰(北周之祖)以一代杰物,并起争雄。魏分为东西,东魏亡而齐代,西魏亡而周代。至周之武帝,并有北齐,以后嗣幼弱,亡于隋。隋文帝代周并陈,天下始混一。

　　国史氏曰:自晋至南北朝之间,我国黑暗之初期也。大地之上,种族与种族战,种族之中,帝王与帝王战,坌涌峰起,演出杀人如麻之惨剧。而我光华荣耀之汉种,屡受奇耻于外族,失幅员于外族,虽曰天命,未始非我国民气不昌之所致也。

唐太宗以不世出之英姿,奉父高祖,乘隋之衰弊起兵,六年之间,奏一统之业。旋继高祖登位,宏达之量似汉高,英杰之才类汉武,除乱如汤武,致治过成康,房杜王魏为心膂,英卫为指臂,贞观之治,千载一时,虽欧洲之立宪政治,亦殆有不可及之所。太宗又鉴历代之祸乱,分四方之地,尽以沿边为节度使,内置府兵,制内外轻重之势,使无隙之可乘,其深虑之周密,亦可谓无遗矣。然太宗崩而有武、韦之祸。武氏之雄才,足以鞭笞天下,乃杀唐之宗室,改国号曰周。幸而狄仁杰从容回天,张柬之遂成反正之功,唐室再安,玄宗中兴,其功亦伟矣。惜晚节不完,为声色而致安史滔天之乱。自是而后,藩镇跋扈,李希烈、朱泚等前后为难,乘舆屡播迁。宪宗英武有断,任良宰裴度,用英将李愬,得镇压悍将强藩。及于穆宗,三镇相继为难,再失河朔。其后内则宦官握大柄,乱国政,外则诸藩陆梁,不奉命令。藩镇与宦官,内外夹攻,而唐室遂屋。朱温以诈力代唐为梁太祖,与唐晋汉周为五代。虽其末有周世宗之英雄,然不幸而天不假年,宋之赵匡胤代周。五代者,我国黑暗之第二期也。中原战争,如潮如焰,割据于江淮楚蜀闽广之间者,不可胜数。要之唐之初代,纯乎立君政治,玄宗以后,可谓为立君政体之藩镇政治,而宪宗以后,为藩镇与宦官之混合政治,而唐末五代之间,所谓军队政治者是也。

宋兴,太祖鉴前代方镇之乱,次第削平列国,释诸将之兵权,与人民共休息,立君政治主义,复行实际。真宗以来,契丹入寇,边境虽不宁,而澶渊之役,寇准以侠气挫契丹之胆。自仁宗及神宗,政党论频起,大臣宰相之进退去就,一由党派之胜败如何,政府常为党派之奇货。王安石逞盖世之才略以实行新法,诚改革党之首领,已而安石为舆论所制而退。及于哲宗,司马光以德量为保守党之首领,掌握大政,罢新法。司马光死,其后蔡京等用事,安石党复炽。然当时金人势力方振,乘宋廷之内讧,长驱入汴京。二帝既北,康王遂南。高宗无有为之志,不知李纲、宗泽之英略智谋,恢复中兴之举第一着误,而每事失其机。及秦桧以险庆之国贼预政,一定讲和主义,虽有岳飞、韩世忠等爱国之名将,不能展其才略。结局金牌之召,莫须有之狱,遂成千古之至冤。至于宁宗,韩侂胄弄权。理宗时,国贼贾似道讲媚外政略,宋偏安之业亦衰,遂使崖山之役,将宋十八王三百二十年之社稷,湮没于洪涛巨浪之中。盖宋之政治,为立君政体之党派政治,其国是主义,常不一定。其对外政略,或主和,或主战,泛泛而无所决。内阁大臣一更迭,则政策随之反复,变迁无常。此所以宋之一代,常为外族所制,终始拱手,虽机会在前而不知乘。敌兵渡江,犹懵然不拒,而于空论泛议之中亡其国家也。夫独立于列国交涉之外,执纯然不干涉之政策之国者,政党政治亦善。若建强国于宇内,竞智勇争势力者,则不可为法。故今日政党政治祖国之英吉利,其卓见政事家,早已看破政党政治,非永久之善策,殊以外交政略,全其国家之体面与利益而已,而况英之不如者乎。

元太祖成吉思汗起自蒙古种,席卷欧亚,遂入中国,灭金殄夏,子孙相踵。忽必烈大帝以不世出之英雄,用耶律楚材、廉希宪之奇才,加以伯颜等良将,国势灿然可观。其政治简易明白而不繁苛,前代空文缛礼、粉饰太平之病,一概除之。故于汉朝无外戚、宦官政治之祸,于唐朝无女色藩镇政治之祸,立君政治主义能行实际。此元朝于二十三史之中,最少内讧外患之原因也。

> 国史氏曰:外族之侵犯中国,以积而成也。春秋战国,外族居内地者鲜,祖龙发愤为雄,驱于朔漠。两汉争战阴山,渐居边内。司马氏国政不维,乃南北角分。唐资回纥,与吐蕃连兵,种类始骎淫于西北。石晋不肖,君父契丹,而外族势力始不可制。赵宋坚持和议,而奇渥温氏遂一统神州。呜乎! 是可以观我汉种玩愒腐败之气象也。夫实于中者,胀于外,吸力大者,抵力不足以抗之。今我汉族以历史上最有名誉之人种,不能吸收外族,而反为蒙古膨胀政略所熔化,将数千年神圣相传一统之血脉一旦失之,举人间世之奇羞巨怨畴过于是。愿我国民印之于脑,为我国历史上之一大纪念。

明太祖乘元末之乱,斩除群雄,大扫外族,诚汉种之克子。然专制政治至此大进化,而国民愈无幸福矣。太祖崩,一抔之土未干,忽有藩王之祸,其后为宦官阉党政治(如刘瑾擅权、严嵩乱国政是),为朋党私派政治(如东林党之倾轧及魏忠贤之擅权是),自相水火,不顾国体,不谙外交,不知团结,遂劣败而灭于清。

　　清太祖弩儿哈赤,外族通古斯人种也,尝击服各游牧部落,威震满洲,旋开衅于明。经太宗血战山海关外者数十年,至于顺治,明大将军吴三桂督兵开关迎之,使为汉种固有之中国之帝,遂下断发之令,蓄长鬟,易胡服。抗令者族,扬州十日,血肉横飞,卒以马上而如其愿。嘉庆以来,教徒骚动,用汉种平之。咸同之际,有洪杨大难,又赖汉种忠臣荩士,蜂起云集,得奏殄洪歼杨之大功。现今内政多秕,外交屡失,不知将来如何结局也。

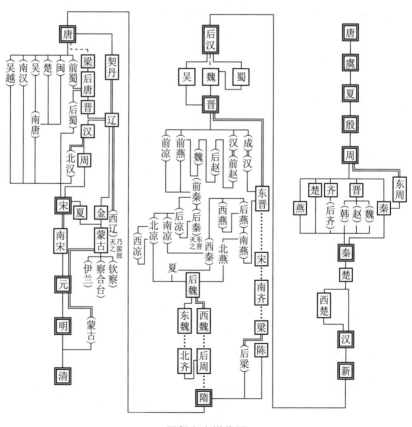

历朝兴亡禅代图

甲 编

太古纪 汉族发生时代（自有地球以来至五帝）

第一章　太古开辟之形势

一　地球之发达

据天文历史、地质历史、古物历史、诸哲学家研究，地球之所以发达，构成世界者，自分三段：曰星雾说，曰太阳系，曰生物之起点。

星雾说

晴夜仰望天空，星辰辉辉相印，或强而明亮，或弱而纤微，虽不过一点之光，然假望远镜精细观察，则具一种特别光明之眼界者。圜然出现，又有范围稍广，光度极微，如团团白云者，法兰西天文学者拉布拉名曰星雾。谓大初宇宙，惟稀薄气体，弥漫无际，渐由气体各部相离合，而为千万无量之星雾。相离者，呈白热与光辉。相合者，因密度异而生回转之运动。其回转也，次第放射其热于空间，故渐渐冷冻，形状亦渐渐收缩。而回转之速度，随之益大，于是造赤道之部分。膨胀而与中心体离，遂破而为独立之团体，仍回转于元中心体之周围。此今日吾人所见星界系统之组织也。所谓中心体者即恒星，分离圆体者即游星也。

太阳系

罗列太空之星界系统之一部分，由星雾而渐渐收缩，及散出数多之游星，其大者八，小者无数，而地球为八大游星之一（水星、金星、地球、木星、火星、土星、天王星、海王星），因位于大阳之第三，容易凝固，及生一卫星（月），更以温度融和,即结成一大部固体。

生物之起点

地球之构成也,以苍苍莽莽之状态,经长久年月而为洪积层时代,制造海陆山川等形。又一转而为冲积层时代,产出动物植物之祖先,而地球第一优等动物之人种,亦自此发现于世界矣。

二 人种之发源

据古传说,溯人类之原始,地球上突出一对夫妻,为亿万人类之父母。或曰有多数人类发生,各人种之祖先不一。虽然,此皆涉于推测拟议,无真理可究者也。以哲学家之眼观之,世界上万事万物之公理,自单简至于复杂,自小数至于多数。地球之制世界也,由浮萍而化成植物,由植物而化成动物,由动物之灵者而化成人猴。然则据因以推果,据果以推因,人类之原于人猴,为完全确实之理必矣。又人类起原之年代,世百其说,多者达于二十万年以上,少亦越二万年前。然于历史上无大关系,今不赘。

三 历史以前之脑力

西哲有言曰:人类者,使用机械之动物也。此固不足以尽人之智识力能,然人类社会进步之基于机器,则有可铁证者。今随机器发达之顺序,分有史以前为三期。

甲期:石器时代

太古人类,不业牧畜,不知耕凿,滨海者捕鱼鸟,根据于山野者,以鸟兽木实充饥饿,此固无机器之可见也。虽然,阅历愈久,颇有知觉,始以石代手而捕鸟兽、落木实等,渐利用石,或削为镞,或磨为刀物,以与鸟兽战。此时代名石器时代。

乙期：铜器时代

智慧颇进步，乃渐用金属，特以金属中之铜，柔软而便于 铜器时代 细正，且产出者极多，得采掘自然纯粹之铜，故最先利用，以制种种机器。此时代名铜器时代。

丙期：铁器时代

人智更进，即发明炼铁之理，确知其锐利，非铜器所能 铁器时代 及，于是用路忽广，骎骎至于今日，实铁器达于极点之时代也。大自铁路、铁舰，小至于针钉，其使用范围，广大无比，或曰自今以后为电气器时代。

四　汉种蕃殖之状况

我国之开化，其由来远矣。然荒古神怪传说，虽万国所同，而我国为最。或谓盘古龙身人首，为地球万物之鼻祖，死而两眼变为日月。或蛇身而人首，或人身而牛首，或头触不周山崩，天柱折，地维缺，构种种空想，无非为颂其圣德，表其

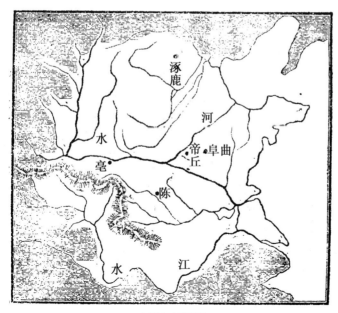

中国起原版图

伟业已耳。而当时精确之事实,诚无可据。惟距今五千年以前,黄河、扬子江两流域,有汉人种、苗人种。汉人种自西北方面,次第移住于黄河沿岸,随种族之蕃殖,蔓延四方,乘势逐苗人种。而实行殖民政略于南部,概为族长政治之组织。分数多小部落,各戴其酋长。经年阅月,而其酋长中智勇拔群者,兼并各部落而为共同之大部长,施利用厚生之政治于人民,遂建帝国之基础,作元后,为后世皇帝之姿,其服从之诸部长,作群后,为后世诸侯之姿。

国史氏曰:埃及之开国,发源于尼罗河。腓尼西亚之开国,发源于地中海附近处。盖开辟世界之民族,莫不依富于膏腴,适于卫生之所,为根据地也。我国江河二水之间,土地丰腴,称地球第一。加以中和温暖之气候,人民之生活最高,此殆天赐之开幕场也。

五　文化发源西方

世界人种之开化,最初发生于西北亚细亚,大概分向二方:一散于东南,为全亚细亚之人民;一散于西北,为西洋诸州之人民。故汉人种之初来中国也,不居于沃饶之中带,而建国于北带之地。盖其本土在西方,原避高岳峻峰之扬子江上流一带,从地势之便利上,趋中国之西北部,沿河流而东下。然则西方本土,果属何地? 尝读《楚辞》,观其切望作昆仑山游,如出于移住人民,慕其故乡之至情。又列子亦有道西方之美者。此我国先儒,以昆仑山为本土之想象也。

西洋人论汉人本土,及关于文化起原之说者颇多,或曰自中央东部阿非利加塞拿尔之平原移住者,或曰自埃及来之移住民,或曰是高加索地方之斯欺得人,或曰自印度来之移住民,均无确凿之史的证据。惟拉克伯里氏独曰:汉人之祖先,大凡在西历纪元前二千五百年顷,自里海南方之叶拉孟及苏西亚那等地,移住于支那。而其文化,特自西方亚细亚加尔泰亚输入，如古文字之类似，两国民之宗教的、社会的并学术的之组织，及关于信仰诸点，若出一辙。试略举其例证之。舜帝摄政之际，设十二州之牧，而苏西亚那亦有十二牧师。汉人崇拜上帝及六宗，而苏西亚那人亦崇拜主神及六副神。他如古代天文、医药之智识，则与墨梭波达里亚相似也。疏通水道之法，则与巴比伦相似也。荒古之史传，则与加尔泰亚之古传说相似也。而且人名、地名之同一者，如熊黄帝之为拿黄帝，仓颉之为当颉，神农氏之本地烈山为纳山等，尤不可胜举。此说崭新而奇，似不可尽信，然悉推民族变迁之形势，社会发达之原则，亦确有所据。姑绍介之，以俟考焉。

第二章　三皇五帝沿革史

一　三皇五帝之传说

　　三皇五帝之肌谭,断断莫辨,史家或以天皇、地皇、人皇为三皇,以太皞、炎帝、黄帝、尧帝、舜帝为五帝;或以太皞、炎帝、黄帝为三皇,少皞、颛顼、帝喾、尧帝、舜帝为五帝;或以伏羲、神农、燧人为三皇,黄帝、颛顼、帝喾、尧帝、舜帝为五帝。虽然,如史崴所纪,天皇制干支,无为而治,地皇制岁月,人皇分九州,立君臣男女之制。试问鸿荒未辟之时,何能有此文明程度,且其发明事业,皆与后世重复。此盖好事者,假设寓言,徒表三才开始之顺序而已。今不鈲析其名号,惟叙其开辟事实,有伟功于社会,而煌煌照人耳目者。曰有巢氏,创作巢之法,为后世造宫室之发端。其后一千百五十余年,有燧人氏作,创火食之术,为后世割烹之起点,创结绳之政,为后世作书契之根元。虽然,此不过民智渐开,稍知求饮食起居之便而已,于社会进化之度,究无影响。至太皞伏羲氏出,而社会发达之顺序颇著,地球万国所共经之族制政治,颇有根基矣。

有巢氏

燧人氏

伏羲氏

　　伏羲氏都陈,以开辟手段,造成种种适用原质,始画八卦,结网罟,养牺牲,造书契,作甲历,制嫁娶,创琴瑟,社会现象忽放一大光明。其后传女娲、共工、柏皇、中央、大庭、栗陆、骊连、浑沌、赫胥、尊卢、昊英、朱襄、葛天、阴康、无怀等十五帝,凡一千二百六十年而神农氏作。

族制政治之
组织时代

炎帝神农氏都陈，迁曲阜，继伏羲造物主之志，艺五谷，制医药，立市廛，开贸易交通之局。有诸侯夙沙氏者，煮海为盐，创万世盐政之利益，而与帝为难。然夙沙之百姓，卒自攻其族长而来归，其后传帝临魁帝、承帝、明帝、宜帝、来帝、里帝、榆冈等八世，凡五百二十年而黄帝作。

神农氏

盐政之发源

　　国史氏曰：伏羲、神农二帝时代，文明事业创造虽多，然国家之大团体未曾组织，不过一部分之文明酋豪而已。至黄帝轩辕氏出，发明诸种之进化，以陆军主义，交通四方各部落，而共吸其权于中央，为诸部酋长首领，建立一统帝国，于是四千二百余年汉人种中国之机关，始洋洋发轫，故我国历史奉为开幕之第一伟人宜矣。

二　黄帝创一统政治之基础

神农氏之衰也，群族分裂，势力微弱，且苗族杂居角峙，争乱常不绝，于是汉种中之魁杰，有黄帝姓公孙名轩辕者，窃欲代神农氏统一天下，乃大准备陆军，征服诸侯，三战于阪泉之野，遂灭神农氏。当时苗人种族长蚩尤，恃勇不服命，黄帝作指南车，与战于涿鹿之野，生擒之，苗种自是不振。帝遂扩

黄帝氏

陆军之发源

黄帝大战涿鹿枭蚩尤图

首长政治
之发源

张其领土,东至于海,西达崆峒(今甘肃肃州高台县),南抵扬子江,北桥釜山(今直隶宣化府保安州),混一海内,建都涿鹿,实行最完全之酋长政治。帝以英圣超迈之资,励精求治,其文明传于后世者,不一而足,如作舟车,开交通之便,定官制,制衣冠,元妃嫘祖教民育蚕。其臣下亦人才辈出,仓颉作文字,隶首作算数,容成作历,伶伦作乐律等,凡一切制度文物,渐次改善发明,恢恢乎有完全文雅之气象矣。帝在位百年而崩,少昊金天氏、颛顼高阳氏、帝喾高辛氏相继而立。少昊都曲阜,颛顼都帝丘,帝喾都亳,其传说事迹有关系于国民者较少。惟颛顼高阳氏,颇有出色之举动,即命重黎治神巫及制九州是也。

始制九州

九州者何?兖、冀、青、徐、豫、荆、扬、雍、梁也。至帝时始建,统领万国,北至幽陵,南至交趾,西至流沙,东至蟠木,其后再传而至帝尧。

　　国史氏曰:首长政治者,专制政治之怀胎时代,此万国政治史之所同也。

三　唐虞贵族政治之极盛

　　唐虞之政治,纯粹之贵族政治也。今欲述其颠末,请先究其自黄帝以来之传统。

贵族政治
之发源及
其隆盛

　　据上所列,继黄帝者,元妃之子玄嚣、昌意,皆不得立,而次妃之子少昊代之。少昊不得传位于其子,而昌意之子颛顼继之。颛顼亦不得传位于其子,而玄嚣之孙帝喾代之。其最可奇者,帝喾之长子帝挚已立,不及九年,而贵族群起废之,以立帝尧。自兹而后,贵族之权力达于极点。观尧之行政,有所运动,必先经贵族之四岳认可,而后宣布。舜禹受禅,必先避位,待诸侯(即贵族也)朝觐讼狱讴歌之所归,而后举即位式,可概知矣。

帝尧陶唐氏,名放勋,都平阳,即位之初,即选通达星学之士羲氏、和氏,命作历法,测日行一周天之期,定为三百六十六日,以月行十二回为一年,置闰月,以正四时。后世作历,皆据此为蓝本。又置敢谏之鼓,立诽谤之木,使国民得言论自由,以为政治之媒介,于是海内大治,越裳氏重译来朝(今交趾南)。当时洪水滔天,为害于中国。

帝尧

言论自由
之起点

尧帝之像

越裳氏来朝

舜帝之像

尧咨四岳,四岳荐崇伯鲧治之。九载,功不成,尧忧之,召四岳,荐有德者代其位,皆以舜举。舜者瞽瞍之子,世邑于虞,父顽,母嚚,弟象傲。舜耕稼陶渔,以事父母,克谐以孝使不至奸。尧乃大喜,妻以二女,嫔于虞,使摄行天子之政。舜遂造璇玑玉衡,明日月五星之位置,祭天地山川,巡狩四岳(东岳泰

洪水

舜相尧理
国事

山、南岳衡山、西岳华山、北岳恒山),觐群后,协时月,同律度量衡,修吉凶军宾嘉五礼,布亲义别序信五教,定墨劓剕宫大辟五刑。更从当时政令,讨四凶之罪,流共工于幽州(今顺天府密云县东),放驩兜于崇山(今湖南澧州永定县东),窜三苗于三危(今安西府敦煌县),殛鲧于羽山(今海州赣榆县东),四罪而国民咸服。三苗者,湖南苗傜之先也,据荆扬之间,负险作乱,故执其渠酋而窜逐之,自是中央帝权渐重。舜又举八元八恺,和五典,叙百揆,宾于四门,流浑沌、穷奇、梼杌、饕

中央帝权
之起点

饕四凶族,以美天下之风俗。尧深善其功,以子丹朱不肖,非制御诸侯之材,与贵族会议,让位于舜。

帝舜

　　帝舜有虞氏,名重华,都蒲阪,自幼以孝名轰于天下。及即位,首登用鲧之子禹,平洪水,弃为后稷,掌农事,契为司徒,掌教育,皋陶为士,司刑罚,垂为共工,司百工,益为虞,司山泽,伯夷为秩宗,典三礼(天神、地祇、人鬼),夔典乐,司音乐,龙为纳言,出纳帝命,制定九官,使各鞅掌其职。肇十有二州(分冀之东为并州,东北为幽州,青之东北为营州),封诸侯,锡姓氏,胎封建之滥觞。建太学,养国老。由是政府之组织,大概制成。社会发达,风俗改善,大进于开明之域矣,日人称为我国后世之模范时代。

十二州之始置
封建之胚胎时代
太学之起点

　　舜年三十而征用,居摄三十一年而即帝位,践位四十八年,南巡,崩于仓梧(湖南永州府)之野。舜亦以其子商均不肖,让位于禹,是为夏代之始祖。

　　　国史氏曰:族制政治时代,惟有智力者,为全国民之代表。至酋长政治时代而一进化,惟有智力威力者尸之。至贵族政治时代而又一进化,惟有德有智者能当之。虽然,族制政治者,专制政治之胎源之质点也。酋长政治者,组织多数专制政治之基址也。贵族政治者,由多数专制政治而变为少数专制政治之过渡时代也。是故尧舜之际,为贵族政治之隆盛时代,亦为贵族政治之压抑时代。当其隆盛也,贵族常有废立天子之权,其相接之关系,如今日之选举者之与被选举者。贵族有凌上之风,天子有压于下之势,天子苟失其贵族之欢心,则不能得位,得之亦不能久保。虽然,天厌君主选立之制,天忌君民同治之政,特诞生尧舜,以英明之姿,收天下之人心。巧于抑压群后,削减其势力,施中央集权之政,务扩张王权,巡狩四方,会群后,使奉一定之制度。由是天下之权势,渐归于天子之掌中,而专制政治,骎骎有发轫之势矣。

第三章　太古开化与地理之关系

世界开化通例，其位置以地势平坦、地味膏腴为最适，其关系以长流活脉、浊浪滔滔为最切。故我国开化，起点于黄河水域，次南折而为淮水水域之开化，扬子江下游之开化，再转而为汉水及洞庭、鄱阳水域之开化。而其支线又有三：甲乙并出于黄河上游，甲为嘉陵江水域之开化，乙为汉水上游之开化，丙出于黄河下游，北岐而为白河水域之开化。今试以太古开化之地势而综论之。 开化之次序

太古以前，榛榛狉狉，茹毛饮血，逐水草为转移，不过一般游牧蕃人，无目开化之价值。及有巢、燧人作，创巢居，教火食，始揭开化之幕。至伏羲崛兴，渐由游牧时代，变为土著时代，于是始上开化之初级。 开化之初级

太昊伏羲氏开化之地势

生地　成纪　　（今甘肃省巩昌府）
都地　陈　　　（今河南省陈州府）
葬地　南郡　　或曰冢山阳高平
后裔　任宿　　须句　颛臾（均在今之山东）

据是而观，则伏羲沿黄河而下，立开化基础于黄河下游山东、河南一带地者也。继伏羲者曰女娲，当时有共工氏作乱，与祝融氏大战，女娲讨平之。据传说云，共工之国水居十七，陆居十三，则当在海岸以达于扬子江，而祝融亦扬子江水域之一部落也。今湖北郧阳府有女娲山，其下有庙，然则女

南征第一期娲殆先平河南、山东附近之地，南进中央沃野，过淮水水域，遂达于汉水水域。此实太古开化南征第一期也。

炎帝神农氏开化之地势

母氏　　有娇氏之女，女登游于华阳（今陕西地）
生长地　姜水（今陕西凤翔府宝鸡县南）
兴起地　烈山（隋之厉乡）
都地　　原都陈（河南陈州府伏羲旧都），迁曲阜（山东兖州府）
迹所及　长沙茶乡（湖南长沙府）

然则神农亦下黄河水域，以河南、山东为根据地。而其南征第二期远征更逾于女娲，渡扬子江而南，进溯洞庭水域。此实太古开化南征第二期也。

黄帝轩辕氏开化之地势

生产地　寿丘（山东兖州府）
成长地　姬水（河南省河南府）
初封地　有熊（河南省）
都地　　涿鹿（直隶省顺天府），一曰彭城（江苏省徐州府）
死所　　相传采首山（河南省许州府）之铜，铸鼎于荆山之阳（湖北省）而崩，或云浙江处州府缙云县仙都山上有鼎湖，黄帝崩地也。
远征地　东至海，登丸山（山东临朐县）及岱宗（山东泰安府），西至崆峒（甘肃高台县），南至江，登熊（熊山在河南陕州）、湘（湘山在湖南长沙府益阳县），北逐荤粥（蒙古人种），合符釜山（今直隶北）。

然则黄帝自黄河水域而及于汉水洞庭之水域，或遂及于扬子江口浙江地面。且正妃嫘祖氏生二子，一青阳，居江水，一昌意，居若水，江水、若水皆在蜀。帝又娶蜀山氏之女，则

其进征路,已渐溯长江水域,而上达于嘉陵江水域。此实太 南征第三期
古开化南征第三期也。

虽然,当时北方之开化,亦颇有影响。古史称黄帝与炎
帝战于阪泉之野,生擒蚩尤于涿鹿。今阪泉、涿鹿,皆在直隶
顺天府附近。又曰逐蚩尤部之凶猛者于北方,此实白河水域
开化之起点也。

盖黄帝为我国开幕第一伟人,确立汉种之根据地,讲膨
胀政略,而社会上之文明原质,亦多有发明者。今推其原因,
一由于部落之并吞,往来交通,得交换智识之利益;二由于人
民之土著,生计之念、政治之心骤生,及一切有形无形事物莫
不进步,此群学公例也;三由于外部之助力,如伶伦取嶰谷之
竹以调律吕,论者谓为印度乐入中国之始。岐伯作鼓吹,实
采北地马上之声是也。

帝尧陶唐氏开化之地势

先帝之都　　亳(河南归德府)

出生地　　丹陵

初封地　　年十三封于陶(山东曹州府),十五封于唐(直
隶保定府)。

都地　　平阳(山西平阳府)

死所　　游于城阳(山东沂州府)而崩,葬于谷林。

帝舜有虞氏开化之地势

先代之国　　虞(河南归德府)

出生地　　姚墟(山东曹州府濮州之东)。孟子曰:舜生于
诸冯,东夷之人也。

都地　　蒲阪(山西省蒲州府)

死所　　崩于苍梧(广西苍梧县),葬于九疑(湖南永州
府有舜冢)。

$$
\text{舜所经}\atop\text{历地方}\left\{
\begin{array}{l}
\text{耕于历山（山东济南府南五里）}\\
\text{渔于雷泽（山东曹州府濮州有雷夏县）}\\
\text{陶于河滨（山东曹州府定陶之西南有陶丘亭）}\\
\text{作什器于寿丘（山东兖州府）}\\
\text{就时于负夏（卫地今河南省卫辉府附近）}\\
\text{尧厘降二女于妫汭（山西省蒲州府）}
\end{array}
\right.
$$

　　由斯而观，尧舜初年所居，皆在黄河下流平地，历历甚明。及洪水滔天，乃不得不转移山西高地以避水患，而中国开化亦经此大反动力而放一异彩。因治洪水之故，而得许多之新智识，一也；因经历之地多，大得交换智识之利益，二也；时势造英雄，以治水之故，人才彬彬蔚起，三也；经大难而后，处处有同一之恐怖忧患，于是互相和亲，与天然之虐威相竞，渐趋于统一之势，四也；因时势而产人材，因人材而成政治，于是不惟中央开化之权力日增长而已，即各地方亦求公平维持之法，行适当之主权，五也。当时内治统合既成，遂渐思远征于外，传称尧北教八狄，与蒙古种冲突。至舜则逐四凶于四方，更大挞伐南方苗族，远越洞庭水域而进至珠江水域之地，窜其三大部落于三危，分其一部分于北地，于是其势大衰。此实太古开化南征第四期也。

南征第四期

　　是故汉族之殖民地，以黄河水域为老营，而千年以来常向于南方扬子江水域而进取焉。一言蔽之，则汉人种与苗人种之竞争，实为中国开化史之原动力也。

第四章　太古文明史

一　政　治

我国太古政治，聚落政治也。虽然，人口渐渐繁殖，积落而成村，积村而成邑，于是各立族长，事无巨细，从习惯上自治之，至黄帝时而官制始组织。

官制

黄帝之统一海内也，征服各部酋长，仍使各领其地，隐然造诸侯之形，为封建制度之原质。而中央设立一大政府，首立六相，以综理一概内政。设左右史官，掌文书。又置左右太监，以监督各地方之事。颛顼氏有五官，分掌天地。唐尧命羲仲宅嵎夷，命羲叔宅南郊，命和仲宅西夷，命和叔克朔方。及舜即位，朝廷设九官，地方置十二牧，以分掌内外政治，然国家大事，则决于四岳与十六相（八元八恺）。四岳者，群后之长，代表全国诸侯，而总制朝廷，左右君主者也。今述其官制组织之大要于左：

官制　封建制度之原质　设官之始

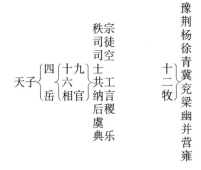

考课之法
巡狩朝觐
之制

　　当时考功法既行，三年一检，九年三检，赏罚其良否。又有巡狩、朝觐之制。巡狩者，五年一度，天子巡行于诸侯之领内；朝觐者，一岁一度，为诸侯拜谒于天子之制。此皆视察诸侯之动静，施镇压之手段，而为专制政治之一分原子也。

法制

法制

　　太古时代，不知法律为何物，然有所谓刑罚者，亦法制中之要素也。其源发于黄帝时代。黄帝之擒蚩尤于阪泉也，亲以金钺斩之（为斩刑之始），县首军门（为枭首之始），而从蚩尤者，流于八荒之外（为流刑之始）。及舜相尧，定刑为五等：曰墨，曰劓，曰剕，曰宫，曰大辟。然有酌量减刑之法，审判其情状，而以流宥代之。或自犯罪之种类而各异其刑，鞭为官府之刑，朴为学校之刑。又或有出金得赎其罪者，是曰赎刑。其处刑又有三就之别，大罪舒于原野，次罪刑于市朝，同族适于甸。流刑亦有五居三居之别，自犯罪之轻重，而异其居处及远近。赏从轻，罚从重。故意之罪，虽小不宥。过失遗忘之罪，虽大不刑。当时使天下之服从者，全由于刑政之整理也。

学制

学制

　　学校制度，起于有虞。太学曰上庠，在西郊，其教育事业，专为养育平民老人之场所。冬期集于此而修人伦，以美其风俗。小学曰下庠，在国中，为教育普通人民子弟而设。其教育方法，即读书、学算、习字之类，及事父母兄长之道，以至洒扫应对进退之节。质言之，即日用所不可缺之事务也。

选举

选举

　　太古时无选举之制，其任人也，以德行为首，才能次之，所谓虞朝载采，亦有九德者是也。

兵制

兵制

　　兵备者，始于黄帝。帝以前，民惟结队以驱猛兽。及帝与炎帝阪泉一战，始练武备。又营垒亦自黄帝始，盖与炎帝战于阪泉之时，以兵师作营垒也。

币制

太古无货币，凡物与物交，以贝壳代金货（万国太古时之币制
公式），如财、货、买、卖、贵、贱等字，皆加贝字于其上，其明证
也。至女娲氏始铸棘币，其形外圆而内方，取天圆地方之义
（中国太古时，天文地理之学未发明，故谬谓为天圆地方、天
动地静），以定轻重，通有无，盖聚铜而作之也。太皞氏谓钱
为金，神农氏列廛于国，以聚货帛。至黄帝炼金之术始发明，
范金为货，立五币（珠玉、黄金、刀布），货币之制颇进化。

税制

黄帝时始设井田之法，使八家耕作之。至唐虞之世，禹税制
治洪水，相地之宜而定其贡赋，分天下田为上中下三等，更三
分为九等。五十亩之田，授一人耕之，纳其十分之一于中央
政府，曰租。又于租之外，别征土地所生之产物，曰贡。其临
时之贡物，曰锡贡。又有五服之制，唐虞时大禹所定，自施政
上便宜，大别全国为五大区划，以王城为中心，每周围五百
里，区划为一服，更分服为数等，视距离之远近，定贡税之轻
重。朝觐巡狩，亦基于此五服，而定其度数云。

二 学 术

语言

太古言语最单纯，各种名词，象事物之声音形色，以一音语言
成一义，西人称之曰单音语。此我国特殊之言语，而与地球
万国迥异者也。

文字

我国文明之起原，包藏于屯蒙暗雾之世，然今犹得可稽文字
者，赖文字之发明最早，而开古代诠索事实之道也。文字之
制，或曰系黄帝时仓颉所创，或曰太昊时造书契，已有文字，
或曰炎帝时尝作书。盖创于太昊，校阅于炎帝，而大成于
仓颉者也。其制法有六义：一曰象形，模写形体，以表庶物者

也；二曰指事；三曰会意；四曰谐声；五曰转注；六曰假借。数千文字，皆基于是而成者也。

象形　⊙日　☽月　⋀⋀山　〣川

指事　·上　¯下　左　右

太古文字之图

数学

数学　　　黄帝命隶首定算数（即九章算法），以率其羡，要其会，而律（即律吕，数因律起，律以数成）、度（分寸尺丈引，所以度长

律度量衡　短）、量（起于黄钟之籥，十籥为合，以十乘之，为升斗斛，是为量）、衡（所以任权，而平铢两斤钧石之轻重）由是成焉。

天文学

天文学　　　黄帝命大挠作占天官，设占天台，观测日月星辰及气象，又命容成作盖天，以象周天之形。至尧时用璇玑玉衡器械，以观测天象，并派遣羲仲、羲叔、和仲、和叔四大天文家于四方，从事天文之测量。

历法

历法　　　当时历法亦颇发达，黄帝之世大挠知甲子之用法，容成有调历之制作。至高阳氏改正历法，以建寅之月为历元，为后世阴历之始。其后唐尧命羲氏、和氏等，又改正之。

地理

地理　　　《易乾凿度》云：坤母有运轴。仓颉亦曰：地日行一度，风轮扶之。其他如《书》之《考灵曜》，曰地恒动不止而人不知，尤为显著。呼！我国四千年以前，已有地动说，何今日一孔之儒，尚断断争辨乎？

哲学

哲学　　　哲学之起原，发明于太昊之作《易》。《易》者何，明三才（天地人）之理与其数者也。其论理，则立天之道，曰阴与阳；

立地之道,曰柔与刚;立人之道,曰仁与义。论数,则曰太极生两仪,两仪生四象,四象生八卦,八卦生六十四卦,以至于无穷。此理与西洋医学书胎生学之说暗相符合。其说曰:人体之始生也,为一椭圆形,分而为二,为四,为八,又倍之而分为无数,而后成一长圆形。其少为所屈者,头部也。其分为多数者,四支也,筋也,骨也,终生一完全之人体。盖凡数之为物,不问医与百种之术,不论东洋西洋之别,苟有象者,必有自然之理存之,故此易数与彼医说之相符合,亦无容疑矣。

卜筮

卜筮之法,传自伏羲。灼龟甲而视其兆,以占吉凶,谓之卜。设揲蓍之法,察数以占,谓之筮。《易》者,蓍筮之书也,列记卦爻之辞,以示吉凶。然太古重龟卜,甚于蓍筮,而卜书不传。

礼仪

礼始于饮食。太昊取牺牲而备庖厨,制嫁娶,以俪皮为礼。又敦崇礼教,以美风俗。至舜时而吉凶军宾嘉五礼大备。

音乐

太古音乐,发达最早,起点于印度,而西传于埃及,再移于希腊,然后传播于欧洲各国;东传于中国,分支于朝鲜,而后延及于日本。黄帝之时,命伶伦至昆仑之阴,取竹于嶰溪之谷,其实自印度传来者也。当时分音阶为阴阳十二律,以区别五音,又制《云门》、《咸池》之乐。自兹而后,少皞作《大渊》,颛顼作《六茎》,帝喾作《五英》,唐尧作《大章》。至舜而设乐正之官,专掌音乐,作《大韶》,歌谣亦起于此时代。或赞叹前人之德行伟绩,或弄咏各地之习俗,而音乐家辈出。夔为最精,其答尧曰:于予击石拊石,百兽率舞。亦足以证音乐之流行也。当时乐器亦发明,如琴、瑟、箫(伏羲之发明)、笙(女娲之发明)、笛(黄帝之发明)、钟(黄帝之臣白陵之发明)、鼓(黄帝之臣夷伯之发明)、鼗鼓(帝喾臣倕之发明)、柷梧(帝喾之发明)等是也。

要之礼以严敬其身,乐以和顺其心,二者实行,乃可以贞固其德。是故礼乐者,于我国文明上,为最重大之要素也。

医药

发明于炎帝、黄帝之间。炎帝尝草木味,知药疗疾,又作药方,救时疾;黄帝命岐伯掌医药,治众疾,其他针灸兽医,亦起于黄帝时。旧史云:黄帝命雷公、岐伯制九针。又当时有马师皇者,善医马云。

典籍

中国古书之发达,为世界第一。伏羲、神农、黄帝之书,谓之《三坟》(大也),言大道也。少皞、颛顼、高辛、唐虞之书,谓之《五典》,言常道也。八卦之说,谓之《八索》。索,求也,求其义也。九州之志,谓之《九丘》。丘,聚也,言九州所有,土地所生,风气所宜,皆聚此书也。是故周官外史,掌三皇五帝之书,国家所职掌者此。楚左史倚相,能读《三坟》、《五典》、《八索》、《九丘》,学士大夫所诵习者此,其价值之重于当时,可想见矣。今虽云亡,然犹足以夸耀于历史。其他有神农《本草》、黄帝《素问》、黄帝《内经》、风后《握奇经》等,多传于后世。

三　宗　教

太古宗教,除崇拜上帝外,日月星辰、山川河海等,亦奉为神明而罗拜之,为一般之通观,是所谓拜物教之滥觞也。至颛顼时,有神巫教起于河北一带。

四　美　术

印刷

当时纸类未发明,或书于木,或书于竹。如书籍,大率以漆液书于竹简,其文字头圆大而细小,其形状恰类蝌蚪,故后世称古文曰蝌蚪文字。

绘画

黄帝时，史皇作画，或作图，创绘画之术。其后尧时衣　绘画
日、月、山、川、华、龙六章，当时绘画之发达可知矣。

建筑

建筑之术，亦发明于黄帝。凡所谓穴居野处者，皆代之　建筑
以宫室，上栋下宇，以待风雨。其他堂楼庙阁台榭等建筑，亦
起于黄帝时，见于古书。

器物

太古所用之器物，概以石制（后世自地下掘出雷斧、雷　器具
钻、雷锤等类，当时人民所用之遗物也），或杂用土木之类。
至黄帝时，始铸造铜器。又鼎盘釜灶秤斗尺，及水陆舟车之
交通机关，皆颇发明。

鼎盘釜

斗尺之图

军械

军械

《太白阴经》云：神农氏以石作兵器，黄帝以玉作兵器。黄帝时有苗族酋长蚩尤者，采金于葛天灵之山，熔铸之而制五兵。五兵者，戈、殳、戟、酋矛、夷矛是也。蚩尤又割皮作甲。后世称蚩尤铜铁额者，盖形容其甲坚兵利也。黄帝亦采铜于首山，始作刀，其弓矢之制作，亦颇进步。黄帝之臣牟夷挥者，当时以作弓矢著名。又有玄女者，能制胄，且知磁铁性

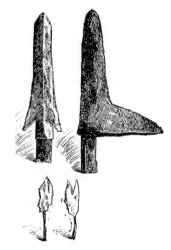

军械之图

质之用，作指南车，为万国作指北针者之始祖。其他如枪如弩，亦告成于此时。及蚩尤亡，天下一统，于是专用意于内治之改良，创造杵臼漏刻，及一切交通机关等。

五　风　俗

风俗

太古风俗，温良而尚无为，君臣之间，全无悬隔，与今日之自由民等。然未开化社会之所谓自由，非文明社会之所

太古风俗

谓自由也。何者？ 猱猱狉狉，如老子所云各甘其食，各美其服，各乐其俗，各安其居，邻国相望，鸡犬之声相闻，民至于老死不相往来，不知有所谓人间世者存，不知有所谓国家者存，浑浑沌沌，昧昧冥冥，不过为一稍有知觉之动物而已。

食物

鸿荒草昧之人种，跋涉于山野，以天然之产物充饥饿，或捕虫鱼鸟兽生食之，或采草木之实，以满口腹。然人口渐繁殖，社会渐开明，自觉天然产物无滋味，遂改良而为人造之食物，于是发明火食者有燧人氏，发明牧畜佃渔之业者有伏羲氏，发明耕作煮海之法者有神农氏。自有诸种发明，而人民皆以谷类肉类之调理物为常食矣。 食物

衣服

穷古时不知织布帛，制衣服，惟缀合鸟毛、兽皮、木叶以蔽其身。至黄帝时，定衣裳之制（黄帝之臣胡曹所作），以布帛染五采，表贵贱，冠冕、衮衣、褥、扉履等制亦渐备。且元妃嫘祖，发明养蚕之术，用绢布制衣服，人民始免寒暑之忧。及于尧舜，分日月星辰、山龙华虫、宗彝藻火、粉米黼黻十二章，于是服制大备矣。 衣服

住居

太古之社会，智识未开，人民皆穴居野处。及知识进步，遂发明建筑之术。至黄帝时，已有宫室门墙之设。当时瓦未发明，葺屋用茅茨。至尧代建筑仓廪，始以泥土涂屋壁。 住居

婚姻

荒古男女杂处，无一定之法。伏羲氏始创嫁娶之制，以俪皮为礼，正姓氏，通媒妁。尧舜之顷益严，犹有一夫娶数妇、姊妹嫁于一夫者，如黄帝及帝喾娶四妃，舜婚尧之二女是也。 婚姻

丧葬

无一定之制，死者大率弃于沟壑。人智渐进，衣尸人以 丧葬

藁,或以棺椁营葬礼。至尧舜时代,遂定丧服之制。父母之丧,以三年为礼。而天子之丧,国民一般举哀,并停止音乐,其殉死之风,亦起于此时云。

祭祀

祭祀

我国太古时,以天为万能有力之主宰,谓平生所为事业,悉出于天之支配。遭凶祸,则曰天罚而谢之;遇幸福,则曰天祐而拜之。自此等之原因,遂至有祭天之事。而祭有一定之季节,又有一定之牺牲,然亦有临时特别祭之者;次于天之祭者,有四时寒暑日月星辰水旱等,曰六宗之祀;次于六宗者,有群神之祭、山川之祭。当时所祭之山川,为泰霍华恒嵩五岳,河济江淮四渎。其他有蜡祭及祖先之祭等。凡祭祀为我邦人民自古来所最郑重,历代流传,至今不衰。

六　实　业

农业

农业

太古时颇知栽培之学,五谷之外,栽麻桑及漆树。而农业为生民所最贵重,故自古以是为国本。如《尧典》敬授民时,禹定贡赋之制,而基本于谷,足为明证。其农具始曲其木而制作,及炼金之术开,以金属代之。又舜时有后稷之孙叔均者,用牛犁而耕,农业使用牛马,自此时始。

工业

工业

工业亦夙开,金工、陶工、漆工、玉工、织工诸工业,其程度颇有进步。至唐虞时代,置工师官,专管督工业。如舜帝精于陶器制法,又长于作黑漆,尝用黑漆制造食器等。其后禹王作祭器,始用朱涂。当时贡赋有漆税,亦可知其盛也。雕刻之术,亦发明于上代,黄帝时左彻刻黄帝之像是也。而织工尤著进步,黄帝之世既知染色之术。至尧舜时,各州所制出之织物最盛。又《禹贡》载梁州之织皮,自熊罴、狐狸之皮毛制出,然则当时毛布之制造,亦已盛行于世矣。

商业

太古商业之状况，彼此交通物品而已，或以土地所生之 商业
米麦等，或以人工所制作之绢布、武器等，互相交换。神农氏
列廛于国中，日中为市，亦不过应各人所需用之物耳。至于
通用货币，行真正之商业者，自黄帝时始。

第五章　太古之社会

国史氏曰：我国之地势，天然之文明地势也。我国之汉种，天然之文明人种也。旷览列国历史，溯其原始社会，或逐水草，或群鸟兽，无不经几何年几何等蒙昧野蛮状态，而后就开化之途。惟我国于社会之起原，即有种种文明历史，如知炼金之术而制造器具，作耒耜而耕田野，结网罟而行佃渔，事牧畜而饲牛羊，栽培桑麻而制布帛，定服制而正区别，制陶器、漆器等以备适用，莫不以脑力创造之。至家屋之建筑，室内之装置，殆无不整理。其他行互市以制货币，作舟车以便交通，开道路以通往来，创文字以发明历算、天文、地理、医药、音乐等术，及知磁铁之应用，而有指南车之制，更粲然可观，诚可谓万国特步之进化之度矣。其尤奇者，于政治上之区分，画野分州，经土设井，政体则君民同治，关于国家之大事，由群臣协赞议决之，毫无君主专制之弊。官司分掌庶务，法律以五刑为制裁。此外自冠婚丧祭至于日常百般之事，皆秩然有条理，狩与休与，蓬蓬然表汉族发生时代之特色也，恢恢然雄汉族成长时代之基础也。余拵撢其原因，盖有二焉。一蕃衍于江河肥沃之地，适于生活，而助其进步也；一常与苗族战争，迫于忧患，而促其进步也。有此二原因，加以人口愈繁，则社会愈复杂，社会愈复杂，则人民之竞争心愈发达，人民之竞争心愈发达，故社会遂骎骎进化，而有不可遏御之势矣。

第六章　太古之国民

国史氏曰：世皆以尧舜禅让，脍炙于口。虽然，非仅一二有名尧舜之脑力所能致也，乃数百万无名尧舜之国民所运动之、组织之也。当时国民权势甚重，国民司选举诸侯（即贵族）之权，诸侯司选举天子之权，故诸侯有不任职，则国民群起逐之（例如凤沙），天子有不任职，则诸侯奉国民之旨而废之（例如帝挚）。是故尧让位于许由，于四岳，而均不敢受。降至后世，则四千年之历史，皆争帝争王之战史。虽汉文之仁贤，唐大之美德，而禅让之风，阒然无闻。盖非无尧舜也，无尧舜之时之国民也。至黄帝以前，纯为酋长政治，无所谓国民，故不赘。

第七章　太古国势要览

一　科学发明表

有巢创作巢之法	纪元前二千五百年前
燧人创火食之法	
伏羲始画八卦	纪元前二千四百年至五百十五年
创卜筮	
结网罟	
畜牺牲	
造书契	
作甲历	
制嫁娶	
创琴瑟	
神农艺五谷	纪元前二千二百余年至三百八十年
隶首作算数及律度量衡	
容成作调历	
伶伦作乐律	
容成作盖天	
史皇创图画	
仓颉明地动之理	
牟夷挥创弓矢等兵器	
玄女作指南车	
蚩尤制五兵	

玄女作胄
大挠立占天台
制医药
立市廛
夙沙创盐政

黄帝兴陆军 ┐纪元
立井田之法 │前二
制货币 │千百
定官制 │四十
制衣冠 │八年
嫘祖创养蚕学 │至二
仓颉作文字 │百二
岐伯著医书 ┘十年

颛顼制九州 ┐纪元
尧置闰法 │前一
舜造璇玑玉衡 │千七
定五刑 │百十
定九州贡赋 │八年
肇十二州 │至千
建太学 │九百
创十二章 │六十
制泥瓦 ┘四年

《三坟》《五典》成 ┐纪元
《八索》《九丘》成 │前二
神农《本草》成 │千二
 │百年
 ┘前

黄帝《素问》成 ┐纪元
黄帝《内经》成 │前二
风后《握奇经》成 │千百
 ┘余年

二 大事一览表

昆仑山之起原	⎰纪元前三
江河流域之蕃殖	⎱千余年前
伏羲氏即位	前二四〇三年
神农氏即位	前二二八八年
夙沙氏百姓之骚动	前二三一二年
黄帝即位	前二一四八年
汉苗之战事	⎰在即
阪泉之战	⎱位年
涿鹿之战	⎱之前
少昊即位	前二〇四八年
颛顼即位	前一九六四年
帝喾即位	前一八八六年
帝挚即位	前一八二五年
诸侯废挚	前一八一六年
帝尧即位	前一八一六年
越裳氏重译来朝	⎰纪元前一
大洪水	⎱千七百二
禹平洪水	⎱十年至千
流四凶于徼外	⎱八百年
帝舜即位	前一七一八年

三 帝王承统表

谥　　号	姓	名	在位	年齿	父	母
太昊伏羲氏	风		百十五			华胥
炎帝神农氏	姜		百四十			安登
黄帝有熊氏	姬	轩辕	一百	百十一		附宝

续　表

谥　　号	姓	名	在位	年齿	父	母
少昊金天氏	姬	挚	八十四	百年	黄帝	嫘祖
颛顼高阳氏	姬		七十八	九十一	昌意	女枢
帝喾高辛氏	姬	夋	七十	百五岁	蟜极	
帝尧陶唐氏	伊祈	放勋	百一年	百十七	帝喾	伊氏
帝舜有虞氏	姚	重华	四十八	百十岁	瞽瞍	

乙　编
上古纪　汉族创国时代(自夏禹至战国)

第一章　夏代兴亡史

一　夏禹治水之伟业

夏祖禹者,鲧之子也,以父治水无功而殛,深悲之,自擢于舜,膺治水之任。禹性坚忍不拔,劳身焦思,居外十三年,夏禹之治水三过其门而不能入。陆行乘车,水行乘舟,泥行乘橇,山行乘檋,开九州,通九道,陂九泽,度九山,决九川至海,浚畎澮至川,经营拮据,遂全奏治功,天下始得安宁。且检地味,分制田为九等,定九州之贡赋,立五服之制。其境域东至于海,西及于流沙,南达于衡山,北枕于恒山,四方三万五千里,声禹之疆域教光被四表,东夷西戎,相率宾服,天下大治。其详见于《尚东夷西戎
来朝书·禹贡》,后世称中国曰禹域、曰禹甸者,皆纪念其治水之

禹治水之图

功也。

二　夏禹创君主世袭之制

夏禹治水之碑文

舜因禹治水之功,荐为摄政。当时万邦既乂安,四邻来王,惟有苗民族盘踞于江淮荆州之间,桀骜不服,禹伐而平之。自是苗族愈衰,窜居山谷,不能复抗中国。禹居摄十七年,舜崩而践天子位,国号夏,都安邑,会诸侯于涂山(今凤阳府怀远县),执玉帛者万国,不称帝而称王。王复九州,令九牧贡金,铸九鼎,图百物之形,三代相传,以为王者重宝。初禹之未即位也,尝助舜翼赞其一统之业,其足迹遍于天下。及为天子,以平洪水讨苗族之姿,于是帝王之资格,智谋之外,又加武力之一分子。乃继绍尧舜政略,专守节俭,休养民力。俟下民信乎,乃杀诸侯之势,渐举中央集权之实,屡巡行四方,以镇压诸侯。及于末年,天子势力始强盛。其结果也,禹照尧舜之例,不传位于其子而让于益,而诸侯不服。朝觐讴歌者,不之益而之禹之子启,曰吾君之子也。自是以后,天子之位,永传于其子,成世袭政治之基。君主选立之制,遂废绝于天壤,而专制政治一往无前矣。此我国政体

苗族屏息

涂山之会

禹复九州

王位世袭之风始

夏禹之像

之一大变迁,巩固国家之一大关键也。

　　国史氏曰:古苗种躯干高大,强悍而善战。蚩尤者,
其种族之代表也,常作刀戟大弩,以暴虐天下,与黄帝战
时,能兴大雾,以迷军士。然不谙治国之术,不筹合群之
策,汉种乘之,一战而枭其魁酋,再战而夺其根据地。
吁! 野蛮之不敌文明,自古已有成效矣。

三　夏道之盛衰

　　禹虽压镇诸侯,立世袭之制,然诸侯之强大者,尚不欲戴
为王,动与之争抗。启之世,有扈氏(今陕西西安府鄠县)不
用命,启伐之,大战于甘(在扈之南郊),灭之。启崩,子太康
立,盘游无度,畋于洛水之表,十旬不反,有穷(今山东济南府
德州)后羿因民弗服,拒之于河,立其弟仲康而专国政。此时
有羲和之乱,命胤侯(今四川保宁府广元县)征之。及仲康崩
而子相立,始征畎夷(九夷之一),服之。羿旋废相自立,任用

其嬖寒君(今山东莱州府潍县东)之子浞。羿善射,荒于游
畋,寒浞专国,外内咸服,羿为家众所杀。浞因羿室生浇及
豷,使浇用师灭斟灌(今山东青州府寿光县东北)。斟寻氏
(今山东莱州府潍县东)杀夏后相,相妃有仍(即任也,今山东
兖州府济宁州)氏女。方娠,逃归于有仍,生少康焉。及长,
为有虞庖正(虞舜后,封国今河南归德府虞城县),有田一成,
有众一旅,能布其德,以抚夏众。夏遗臣靡自有鬲氏(今山东
济南府德州北)收二国(灌寻)之烬,以灭浞而立少康。少康
使女艾谍浇,使季杼诱豷,遂灭浇于过(今山东莱州府城西

北),灭豷于戈(郑宋之隙地戈岩锡是也),夏复兴焉。此我国
中兴之始祖也。自帝相失位,至此盖四十余年。至少康之子
王杼之时,征三寿之国(今山东省莱州府潍县),夏之势稍盛。
帝槐时,外藩来朝,国威大张。后经五世至孔甲又衰,自是诸
侯多离叛。后三世至履癸,暴虐而有勇力,世谓之为桀。伐

夏桀之无道　有施氏,有施以妹喜女焉。有宠,所言皆听,作宫室,营园池,日夜耽酒色。太史冷古泣谏,不听。关龙逄又谏,杀之。是

鸣条之战　时诸侯中有汤王者,因其失民心,率师讨之,大破于鸣条,灭之。自禹至桀十七君十七世,合纪共四百三十有九年。

夏谱统图

　　国史氏曰:夏代四百余年,大禹以后,社会进化之度,顿停滞不动。至太康大失帝王之资格而倒退,少康起而复其原。及桀作而机关大退,不可收拾矣。盖自帝王世袭,以专制政治治天下,民气衰颓于不知不觉之间,故酿成此腐败社会也。虽然,皆国民自取之咎也,禹之让位于益也,国民怀其功德,不之益而之启,孰知报人之德,适足以自贻其祸于子孙乎。吁! 自此制一定,任何蠢尔无道,必北面奉之,而我光华赫耀之国家,乃黑暗于余一人之手矣。

第二章　商代统系史

一　商汤创革命之风潮

商之祖契，唐虞之际，为司徒官有功，封于商（西安府商州），赐姓子氏。十三传至成汤，幼具大志，欲王天下。居于亳，与葛为邻（葛国今归德府宁陵县），汤事之。葛伯放而不祀，曰无以供牺牲也，汤遗之牛羊，葛伯食之，又不以祀，曰无以供粢盛也。汤使亳（河南归德府治）众，往为之耕，老弱馈食，葛伯率其民，要而夺之，不授者杀之。汤愤而伐之，连征十一国而诸侯无敌者。初莘人（河南开封府陈留县）伊尹见桀，有所告，不用，去之。汤聘之，凡五就桀，五归汤，遂相汤。兴革命之军伐桀，放之南巢（卢州府巢县），我国革命之风，自此时始矣。 臣下革命
之始祖

诸侯奉汤为天子，汤号伊尹曰阿衡。时大旱七年，太史占曰：以人祷之，可雨。汤曰：吾所以求雨者，毕竟为人民也，今牺牲人民而祷雨，岂吾所愿乎？若必不得已，吾请自当之，遂斋戒，翦爪断发，乘素车白马，身婴白布，以身为牺牲，祷于桑林之野，以六事自责曰：政不节与，民失职与，宫室崇与，女谒盛与，苞苴行与，谗夫昌与。言未已，大

商汤之像

汤以身为
牺牲为国
民请雨

雨,方数千里。

　　　　国史氏曰:所谓贤君贤主者何? 牺牲其身,以为国民求幸福者也。所谓暴虐无道者何? 牺牲其国民,以恣己之所欲者也。故今日西洋各国,谓其国王曰公奴隶,而自称曰主人翁,盖王者之为国民作牺牲,公理上应有之义务也。

二　商道之盛衰

元老放置君主之特点　　汤崩,三传至太甲,无道,伊尹放之于桐(山西绛州闻喜县),自摄政。三年太甲悔过,自怨自艾,以听伊尹之训,尹乃迎之返政。太甲修德,诸侯咸服,四传至雍己,商道衰,诸侯或不至。乃弟太戊立,伊陟、巫咸等诸贤为政,商道复兴。自是五世之间,海内大乱,诸侯无朝者。及盘庚立,迁都于殷(河南府偃师县),改国号曰殷,修先王之政,纪纲再振。三传**克鬼方**　而至武丁,任甘盘、傅说为相,天下大治。伐鬼方(西戎大国),三年克之。再传至祖甲,淫乱而怠于政治。四传至武乙,迁于河北(卫辉府淇县),怠敖无道,陵侮天神。更三传至辛,恃智辨与材力,暴虐不堪,世目为纣,与夏桀并称。伐有苏氏,获妲己,嬖之。厚赋税,尽民财,以极其奢侈。作酒池肉林,为长夜之饮。百姓怨望,诸侯多叛,乃重刑辟,涂膏于**商纣之暴虐**　铜柱,设炮烙刑。时九侯、鄂公、西伯昌,为纣之三公,九侯、鄂公共杀,囚昌。昌之臣闳夭、散宜生等,求美女珍宝献纣,得释西伯。西伯归,大修德怀民,诸侯日背纣而归于西伯,遂三分天下而有其二。纣不顾,益恣淫虐,纣之庶兄微子启,以屡谏不听,与太师、少师谋,抱乐器等,赴于西伯。王子比干强谏而杀,箕子佯狂为奴,殷国上下解体。当时西伯昌卒,子**牧野之战**　发在位,遂率诸侯伐之。纣率众拒于牧野(卫辉府淇县南)。纣师皆倒戈自杀,大溃。纣自焚死,商亡。自成汤受命至纣,传二十八王,十六世,合计共六百四十有四年。

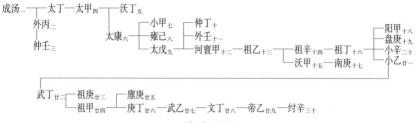

商谱系图

通观商之一代,常迭为其隆替盛衰,中兴之明君,三代中无见其比。周运较商虽长,然周之中兴者,仅有宣王一人,而商则贤圣之君六七作。今寻其原因,盖商尚质,其结果为富于武士道之气象,故际国步艰难,上多有为之君,下多志士仁人,常得挽回颓势;周反之,尚文,故上下自陷于文弱之弊,此其结果,所以一蹶不振也。

第三章　周之勃兴

一　文王服事及武王革命

周之先曰弃，帝舜时为后稷，封于陕（陕西乾州武功县），子孙世其业，及至不窋。夏衰，不复务农，失其官，自窜西戎之间。其孙公刘迁于邠（陕西邠州），复修后稷之业，庶民怀之。历八世至古公亶父，獯鬻攻之，乃去邠，邑于岐山之下，国号周（陕西凤翔府岐山县）。邠人以其为仁人，无老幼男女，靡然从之，四邻诸国，亦望风归向。古公大改夷狄风俗，为筑城郭宫室，略定官制。古公有三子，长曰泰伯，次曰虞仲，少曰季历。季历贤，其子昌亦有圣德。古公欲以王位传于季历以及于昌，泰伯、虞仲知其意，逃于荆蛮，断发文身，而让其位于季历。历立，称公季。公季卒，昌立。昌有仁德，诸侯多归之。纣囚昌于羑里（河南省彰德府汤阴县），诸侯皆请从之囚。纣归之，使为西伯，掌征伐。西伯礼贤下士，伯夷、叔齐在孤竹，闻西伯善养老来归，泰颠、闳夭等，亦相率从之。西伯既掌征伐，首伐犬戎，次伐密须（甘肃省平凉府灵台县）、伐黎、伐邘、伐崇（西安府鄠县），徙都丰邑（西安府鄠县北）。殷纣已失政，周德日盛，西土咸服，其政化行于江汉之间。时有虞、芮二君者事田，久不平，乃相与朝周。入其境，耕者让畔，行者让路。入其邑，男女异路，斑白不提挈。入其朝，士让为大夫，大夫让为卿。二君相感谓曰：我等小人，不可以履君子之庭。乃相让，以其所争为闲田。天下闻而归之者，四

左侧边注：
周之起原
古公变夷俗
文王之德政

十余国，占中国土地三分之二，以服事殷。其后得吕尚太公望，立为师而卒。子发立，是为武王。以太公望为师，周公旦为辅，召公、毕公为相，将伐纣。伯夷、叔齐扣马而谏曰：以臣杀君，不可谓仁。王不听。此时纣昏乱暴虐益甚，王乃会诸侯于孟津（怀庆府孟县南），不期而会者八百国，遂誓师渡河，统革命军伐纣。灭之，代殷为天子，都于镐京（西安府），追尊古公为太王，公季为王季西，伯为文王。封纣之子武庚、禄父于殷，使继其先祀，令其弟管叔、蔡叔监之。更释箕子之囚，封比干之墓，表商容之闾，散鹿台之财，发巨桥之粟，赈贫弱，而天下悦服。惟伯夷、叔齐苦节自守，隐于首阳山，不事周而死。

武王之革命军

伯夷叔齐扣马谏诤之图

　　国史氏曰：古今学者，皆贤夷、齐。虽然，贤者何？能为国民增福，为社会改良之谓也。商纣之横暴也，社会惨无天日，武王以英武之资，悯国民之深入地狱，出其阔刀巨斧，杀民贼纣，破坏旧恶之社会，以改造新社会，而夷、齐乃妄谓为不仁，然则欲使纣遍鱼肉天下之国民而后可谓仁乎？其意盖谓既为天子，则君臣之分定，虽君王曾禽兽之不如，亦当俯首事之，而可置国民于不问。

虽然,国家者,国民公共之产物也。国王者,国民所请之公奴隶以经理国务者也。今国王不惟不能监督国事,而反肆蠹于国民,则国民屠之戮之,岂非应尽之义务乎?吁!夷、齐不必深怪,最可恶者,后世一孔之儒,无夷、齐之志,而师其言为经典,妄诋毁古今为国民造新社会之大英杰大革命家,而为我国进化之度之一大阻力也。

武王封建之微意

武王之像

武王既胜殷,制定封建,分封新诸侯,其规模设计,深加注意。同姓必封于要地,异姓置于其间,如犬牙互相交错。伯禽以周公之子封鲁(山东省兖州府曲阜县),为东面之扞蔽。叔振铎以武王之弟封燕(直隶顺天府蓟州),为北面之折冲。康叔封于卫,防护洛邑。庶叔高于毕(西安府咸阳县毕原),为西方之重镇。叔鲜于管、叔度于蔡、叔处于霍(管今开封府郑州有管城,蔡今河南汝宁府上蔡县,霍今山西平阳府霍州)以监殷,是为三监。凡受封者,兄弟十五人,同姓四十人,更封异姓功臣廿余人,而以太公望功勋伟大为首封,封于齐(山东青州府昌乐县)。更封黄帝以来历代帝王之子孙,黄帝后于祝(济南府长清县)、尧后于蓟(顺天府大兴县)、舜后于陈(河南省陈州府)、鲜后于杞(开封府杞县),以宾客遇之。更封箕子于朝鲜,而不臣(其子孙为箕氏,有国九百余年。箕子施教,夷俗丕变,朝鲜开化自此始)。此等手段,使诸侯互保权力平均,互为牵制,实周室立国之大势也。

武王问道于箕子,箕子以《洪范》受之。《洪范》犹言大法,上世治道之要目也。当时社会进化,如日上升,然王在位仅二年而崩,子成王诵即位。

二　周召毕之辅政时代

周公旦以海内始定，人心动摇未止，主幼人疑，非天下之利，自为冢宰摄政，召公奭为太保，护王宫。然周公兄弟管叔、蔡叔等，疑其将不利于孺子，遂与武庚、禄父卒淮夷徐奄为乱（徐夷故城在安徽泗州。淮夷，淮南之夷也。奄故地今山东兖州府曲阜县东）。周公奉王命伐之，二年，遂诛灭管叔、禄父，禽芟淮夷徐奄，再安周室。更封微子启于宋（今归德府商丘县），以绍殷祀。摄政五年，营洛邑（即东都，今河南省河南府治），与武王所作之镐京（即丰，今陕西西安府）东西相对，为两大都。先是当优族政治之世，大国峙立之时，帝王所最惧者，在敌国外患，故其都邑，皆相攻难守易之险镇，而不建四通八达之衢。至周公继武之遗志，定都天下之中，亦可见人智之开发，王权之隆起也。当时殷之遗民，犹未全服，反复难制，周公以王命作《多士》谕告之。七年，成王已长，周公还政。王至东都，受诸侯朝，命周公留治而还镐京。自镐（原名在河南陕州西南）以东，周公主之，自镐以西，召公主之，德化大行，越裳氏三译来贡。

周召相成王之图

周公天资俊迈,多材多艺。夏殷时代,虽称治平,然社会未开,风俗犹不脱野蛮气习。至周公制礼作乐,更革制度,改井田之法,减人民贫富之差等,于是社会之进化,遂有一飞冲天之概。

成王崩,子康王立,亦幼稚,无帝王之资格,召公、毕公辅之。成康之际,国内安宁,道隆德行,民不犯刑者四十余年,世称为成康郅治。

国史氏曰:自黄帝以来,为我国社会发轫时代。成康而后,为我国社会发达时代。其间进步之原因,皆后王指点批评前王之罪恶而改造之之力。故尧舜有天下,破坏黄帝时代旧恶之社会,而添无数原质,造成一种新文明。禹王又破坏尧舜时代旧恶之社会,添无数原质,而文明一进化。汤又破坏禹王时代之社会,添无数原质,而文明又一进化。至有周突兴,周公杰出,并有史以来之旧恶社会,输百斛热血而洗之、涤之、拒拭之,溯源核实,豁豁开雾,而最新最美最完全之文明,赫赫出现矣。故古之所谓圣贤者无他,能破坏旧社会,而改造新社会之谓也。

三　昭王南巡及穆王之远略

康王崩,子昭王立,王室衰微,诸侯不服命。王南巡至楚,渡汉,汉滨之人,以胶船进王。至中流,胶液船解,王溺焉。盖当时虽行共和之制,王者有间接之压制政治,国民不甘心,故以辣手段戮之。至昭王之子穆王满即位,深叹先王之盛业缺失,励精求治,大得民心。诸侯惧,再奉戴王命。王于是勤远略,驱八骏马,以造父为御,遂西巡。至昆仑山(即今巴密耳之昆仑也),乐而忘归,徐戎又乱,王命造父御骏马,一日千里,长驱而归,征克之。已而征犬戎(西戎名,三苗之裔),自是荒服者不至。

压制政治之报复

穆王之游昆仑

四　国民革命之大风潮及共和政治之大光彩

自穆王五传至厉王，大施专制政治手段，暴虐不堪，殚国民之财，竭国民之力，以极其奢侈。诗人作刺，不听，旋得一最奸慝最酷戾最狡诈之荣夷公为卿士，总揽国政，于是如虎傅翼，择人而食。国民无所聊生，又无尺寸之权，以铲除毒政，乃群议以言论相争，每发一诏，万众一声议之，每下一令，万众一声诽之。召公虎谏曰：民不堪命矣。王大怒，百计得精于警察之卫巫（卫国之巫），使多督无赖之徒，分发四方，阴为巡查，以监国民之偶语者，以告则杀之。由是随处皆有厉王之暗察，一视一言不得自由，一举一动不得自由，国民莫敢出声，道路以目。王大喜，走告召公曰：吾能钳制其口，束缚其心矣。召公曰：是障之也，防民之口，甚于防川，是故治川者，决之使道，治民者，宣之使言。若壅其口，其与能几何。王不听，已而王更戾虐，监察愈凶刻，赋敛愈烦重，生计愈窘迫。国民莫不裂目攒胸，冲冠发上指，相恐怖，相哀怨，相咨嗟，相激奋，相秘密团结，相墨迹会议，遂于悲风惨雨、惊涛怒潮之中，突发出一种有大势力、有大名誉之新思想，曰逐王、逐王，即今所谓革命、革命者是也。大喊一声，震撼天地，国民云集响应，斩木揭竿，挥革命之三色旗，直捣王都，围王宫。王大骇，狼狈奔于彘（今平阳府霍州有彘城），太子靖匿召公家，国民无所泄愤，歘然往围之。召公以其子代之，始得脱。国民乃谋善后之策，提出其所理想、所希望、所欢迎之共和政治，腮理而宣布之。以召公、周公（召公奭、周公旦之裔）为全国国民代表，督办内外一切事务，号曰共和。行十四年，海内太平，家给人足，称开辟以来未曾有之治世，时纪元前二百九十一年也。

国民革命之起原

厉王无上之专制手段

国民极不自由之怪状

国民革命之激动力

国民革命军之出发

国民革命军之大胜

共和政治之组织

五　宣王之英明及幽王之罪恶

周召二公以国民之怒颇减，立太子靖，是为宣王。即位

宣王征外族　之初，猃狁内侵，逼京邑，王命尹吉甫伐之，追至太原（今山西太原府）。又命方叔南讨荆蛮，召公虎出平淮夷，王亲率六师征徐夷。樊仲山甫辅王赋政于外，王职有阙，山甫补之，王化复行。然晚年政稍衰，且与羌戎战，大败，颇损其威。及子幽王宫涅立，讨褒（陕西汉中府褒城县）。褒人纳女曰褒姒，王嬖之，废申后，以褒姒为后，生伯服。虢（今河南陕州卢氏县）公石父以谄佞得幸，为卿士。褒姒与之比，逐太子宜臼，而立伯服。宜臼奔申（河南南阳府），申其母国也。王欲杀之，求诸申，申侯不与，王伐申。申人缯人召犬戎以攻周，杀王于骊

犬戎杀幽王　山下（西安府临潼县）。于是晋文侯、卫武公、秦襄公帅师救周，破犬戎，与郑武公共迎故太子立之，是为平王，时纪元前二百二十年也。

六　平王之昧复仇主义及其东迁

平王者，无帝王之人格者也。幽王虽无道，然为犬戎所杀，乃国之奇耻大仇，平王不卧薪尝胆，力图报复，反以戎狄逼西都，欲避其势，东迁洛邑。以岐丰天险之区，赐秦襄公，

秦晋强盛　为秦统一之根原。河内（河南怀庆府）形胜之地，赐晋文侯，
之源　为晋独立之基础。识者称为亡国之兆，自武王即位，至此凡三百五十二年。

七　周室之末路

平王东迁以后，史家名曰东周。当此时，周室愈不振，五伯迭起，假王命而号令诸侯，分裂之势渐成，曰春秋之世，凡

春秋之由来　二百四十二年，以其事曾录于孔子之《春秋》也。其间衰微状态，有射王之肩者，有问鼎之轻重者，有以臣弑君者。至威烈王以后，遂变为分裂角争之社会，干戈之事，无日无之，曰战国之世。周室至此，削弱无几，其领地仅洛阳附近之一小部

而已。惟以其为天下宗主之故，诸侯放弃于度外，不与之抗争。是以屹立于四面战乱之中，徒拥虚器，蹙蹙自守。及赧王构怨于秦，遂为其所灭。盖周室之以文武成康进化之社会，而结如此之果者，其原因虽不一，要之封建之失策、国是之尚文为二大端。国是尚文，则无进取之气象，以流于文弱；封建失策，则失本末轻重之势，以致尾大不掉。此二弊者，实周室灭亡之要素也。

周亡于封建
周亡于尚文

八　东西洋各国交涉之发端

中国自上代夙与外国交通，据《古代商业史》所记，加路齐亚国（地中海东岸地）及腓尼西亚（今亚细亚土耳其西境地）之盛也，商贾人等，经巴克都里亚沙漠（今土耳其斯坦阿拉耳海南面阿母河、西耳河之间地），陆续至中国内地，沿黄河南下，盛从事于宝玉之交易。今对照中国历史，腓尼西亚之盛时，当殷之中世，加路齐亚之盛时，当周襄王之时代，则此等与中国之交通，必在商周之际。而周代之交通，亦不止于西南亚细亚诸国，安南及暹罗等国，有重译来贡者。至于日本，则《云笈七签》云黄帝时已通，《山海经》云在尧之时。此上代交通之事实也。降至周代，九州南边之人民，有贡鬯草于成王者，亦足以为交通之证也。

西亚细亚
各国交通
之起原

日本交通
之起原

第四章 春秋之形势（自纪元前百六十二年至纪元八十四年）

周室既衰，政府之实权坠地，天下之诸侯益逞其势力，诸种之外族益恣其欲心，杀伐战斗，攘夺并吞，纷纷藉藉，而永久之间，无统一之局，是为春秋。今叙述各国之沿革与交涉之景况于左。

一 列强起原及位置（附春秋列强世系兴亡统核表）

中国诸侯，古称万国，其初不过族长部酋也，历世相兼并，渐生大国。夏有有穷、昆吾（直隶大名府开州），商有大彭（江苏徐州府）、豕韦（卫辉府滑县），皆乘王政之衰，据有东夏，迭为雄长。商汤之时，诸侯尚有三千，及周初为千八百国。周公相武王，克商，灭国五十，封建亲戚，以蕃屏周。其后次第相并，至春秋之际，仅余百六十国，就中版图稍大者十四。鲁、卫、晋、郑、燕、曹、蔡、吴八国，与周同姓者也。齐、宋、陈、楚、秦、越六国，与周异姓者也，颇占历史价值。其余于社会之进化，种族之盛衰，无甚关系，故略之。

鲁国　　鲁侯爵，周公旦所封，其子伯禽就封，在徐州北境，今山东兖州府也，都曲阜（今曲阜县）。自伯禽十四世至隐公，以桓公幼摄政，然隐公遇弑，国政渐乱，故孔子作《春秋》，即起笔于隐公。桓公之子庄公，有庶弟三人，曰庆父、叔牙、季

友,其后为孟孙氏、叔孙氏、季孙氏,称三桓,世执国命。经 鲁三桓之
势力
庄公四世至文公,三桓势强,宣公时愈盛。公与晋人谋除
之,不克。经成公至襄公之时,终分掌三军。先是公常朝
齐、晋、楚等,无对于外国之威,至是内外共为人所制,惟
拥虚位而已。其子昭公,卒为三桓所逐而薨于齐。弟定公
立,举孔子为相。孔子欲张国威,折三桓之势不成,去其
职。子哀公亦借越援伐之,不克。三桓势益强,公室益卑。
自哀公八传至顷公,战国之末,为楚考烈王所灭,共传三十
四世。

卫侯爵,武王弟康叔所封,在冀州南境,今河南卫辉府 卫国
也,初都朝歌(即卫辉府城),后迁帝丘。经十二世至桓公,先
王之庶子州吁,谋弑之而自立,忠臣石碏说陈侯与谋诛之,立
宣公。经三世至文公,政平而民悦。后七世,有灵公夫人南
子之乱,太子蒯聩出奔于宋。已而公卒,国人乃迎蒯聩之子
辄而立之,为出公。出公拒父,蒯聩结孔悝,逐出公,自当国,
是曰庄公。自是内乱相继,国力益衰。及战国之末,朝魏仕 蒯聩之乱
秦。至秦得天下,二世皇帝废君角为庶人,以绝卫祀,共传四
十三世。

晋侯爵,成王弟唐叔虞所封,初国于汾水上流,后迁于下 晋国
流,都绛(绛有二,故绛今山西平阳府翼城县,新绛今平阳府
曲沃县)。文侯时,救周,定平王之位,有功。至献公诡诸,灭
耿、霍、魏三国,伐骊戎(西戎之一种),征东山(赤狄之别种),
次灭虢、虞二国,势始强大。及文公重耳,遂霸中国,尔来世
世持续霸业百余年。定公以后,六卿(范、智、中行、赵、魏、
韩)专横,而公室微弱,晋室亦不振。六卿争权之结果,范氏、
中行氏先亡,次亡智氏,而国权共集于三家矣。静公时,三家
遂分晋,共传三十九世。

郑伯爵,宣王弟桓公友所封,在周之东,都新郑(开封府 郑国
新郑县)。友称桓公,为周之司徒,死于犬戎之难。其子武
公,孙庄公,并为平王卿士。桓王时,任虢公为卿士,夺郑伯

政。郑伯怨之，不朝，破王师，射其肩。当时周室式微，与列国相伍可见。然其后周郑讲和，庄公效力王室，奉王命，征伐他诸侯之不逞者，此霸者之先河也。穆公、襄公以来，屡被晋楚之兵，殆无间日。至简公时，子产为政，裨谌、游吉、公孙挥诸贤助之，始结交大国，势威渐张。经二世，至声公时，子产死，为晋所侵，大衰。战国之始，至康公，为韩哀公所灭，共传三十三世。

郑庄为五伯之先河

燕国　　　燕伯爵，召公奭所封，据冀州东北（今直隶河间府以北），都蓟，今京城之地也。召公之胤仕周者，世为公卿，称召公。庄公时，被侵于山戎，大困，得齐桓公救援，始斥之。燕国于中国之北边，春秋时代其势不振。及战国之始，中原诸国渐凋衰，始崛起北方。

曹国　　　曹侯爵，武王弟叔振铎所封，据有山东省曹州府，都陶丘。经二十余世至伯阳之时，为宋景公所灭，共传二十六世。

蔡国　　　蔡侯爵，武王弟叔度所封，在今河南省汝宁府，都汝宁。及叔度叛，放于郭邻，国除，然其子胡，有善行，改而封蔡，曰蔡仲。灵公时，偶为楚灵王所灭。至楚平王时，复兴，传至侯齐，终灭于楚惠王，共传二十八世。

吴国　　　吴子爵，太伯之后也，据扬州（今两江之大半），故都在太湖东，曰平江，今名苏州府江苏首府也。传十四世至寿梦，通上国之诸侯，与楚战，胜之，乘势称王。四传至阖闾，遂伯中原。其子夫差屡伐齐，继伯业，与晋定公、鲁哀公等为黄池之会。至周元王时，灭于越，共传二十五世。

齐国　　　齐姜姓，侯爵，太公望所封，都营丘。献公时，迁临淄（营丘临淄均在山东省青州府），有征五侯九伯之权。十四传至襄公，暴虐无道，国大乱。桓公小白，起而维之，一战而伯，然仅一代而失伯业。顷公时，与晋战于鞍，大败，罪身修德，国势颇张。自景公以后，田氏势力强大。至简公之世，田常杀其君，立平公，专国政。及于康公，常曾孙和，遂代姜氏而有齐国,共传二十七世。

宋子姓,公爵,纣庶兄微子启所封,在豫州之东境,都商丘(河南省归德府)。十八世至襄公,承齐桓伯业之后,执诸侯牛耳,为鹿上之会。旋与楚战于泓水之上,唱无用之仁义而大败,前功归于水泡。后七世,至景公,修德于民,国势稍振。又六世至君偃,自称王,破齐、楚、魏而掠其地,天下目曰桀宋。齐湣王并楚魏兵灭之,三分其国,共传三十二世。 宋国

陈妫姓,侯爵,虞舜后裔胡公满所封,都宛丘(河南省陈州府)。灵公时,淫虐,而杀于其臣夏征舒。国乱,楚庄王讨之,诛征舒,将县其地。用申叔时谏,立灵公之子成公,陈国再兴。后至湣公,遂为楚惠王所灭,共传二十五世。 陈国

楚芈姓,子爵,鬻熊之孙熊绎所封,初都丹阳(湖北省归州东南)。至武王熊通始强大。文王之时,迁都于郢(湖北省荆州府)。至庄王而伯,尔后历世强盛,与晋争衡者,及于八十余年之久。及吴崛起东南,屡为所侵略,其势始衰。 楚国

秦嬴姓,伯爵,系出于伯益。益之苗裔蜚廉,以材力事殷纣,周公驱于海隅而戮之。其后有非子,居犬丘,长于牧畜之业,为周孝王牧马,大蕃息有功,封邑于秦为附庸,曰秦嬴,居渭水上流。嬴之孙秦仲,以王命征西戎而杀,宣王更立其子庄公,使伐戎,破之,为西陲之大夫,再迁于犬丘。至襄公救周有功,平王与以岐丰之地,改封为诸侯,秦于是始间东方交涉矣。文公时,居汧渭之间,宁公徙平阳(陕西凤翔府郿县)。至武公平邽冀之戎,又灭杜小虢而县之,势始强大。其孙穆公,遂伯中国。厥后内乱不绝,遂不能与晋衡。及献公立,筑栎阳而迁之,势复振。 秦国

越姒姓,子爵,夏少康之后也,在吴之南,今浙江绍兴府为其故都。经二十余世至允常势渐强大,始称王。子勾践立,遂灭强吴,伯中原。后五传至无疆,为楚所灭。 越国

春秋列强世系兴亡统核表

国名	姓氏	爵位	都城	封系	世代	灭亡纪元	灭国
鲁	姬姓	侯爵	曲阜	周公旦	三十四世	三〇六年	楚
卫	姬姓	侯爵	朝歌、帝丘	康叔	四十三世	三四七年	秦
晋	姬姓	侯爵	平阳、曲沃	唐叔虞	三十九世	一七六年	韩赵魏等
郑	姬姓	伯爵	新郑	桓公友	三十三世	一七七年	韩
燕	姬姓	侯爵	蓟州	召公奭			
曹	姬姓	侯爵	陶丘	叔振铎	二十六世	六四年	宋
蔡	姬姓	侯爵	汝宁	叔度	二十八世	一〇五年	楚
吴	姬姓	子爵	平江	太伯	二十五世	七九年	越
齐	姜姓	侯爵	营丘、临淄	太公望	二十七世	一七三年	田和
宋	子姓	公爵	商丘	微子启	三十二世	二六八年	齐楚魏等
陈	妫姓	侯爵	宛丘	胡公满	二十五世	七四年	楚
楚	芊姓	子爵	丹阳、郢	熊绎			
秦	嬴姓	伯爵	犬丘、栎阳	非子			
越	姒姓	子爵	会稽	少康后裔	三十世	二二〇年	楚

以上所举，皆春秋时互割据方隅，以斗雌雄之列侯也。其中势力最大者，为齐、晋、宋、秦、楚、吴、越等，尝崛起执中央政府之权，以标准天下，延汉人种之运命，防外族之侵略，皆其所赐也。今逐次论之。

二　齐晋宋秦楚吴独立战史

齐桓之独立

齐桓公

初桓公长兄襄公无道，鲍叔牙知乱将作，奉桓公奔莒（今山东沂州府莒州），管夷吾、召忽奉桓公兄公子纠奔鲁，襄公毙于乱，桓公自入而立。鲁庄公伐齐，纳子纠，齐人败之。桓公纳鲍叔之言，杀公子纠，弃前怨，举管仲任政，号仲父。仲父者，一世之政治家也，明于经济，长于法律，使士农工商异

其居处,寄军令于国政,士养义勇,民殖财利,国以富强,诸侯 管仲之政策
慑服。桓公自遭遇以来,亦尝以国家自任,谨法度,严纪律,
举农政,通商贾,以振起民业,富饶国力,扩张军备,又留意于
教育风俗。内界既充,即崭然现头角,一面纠合诸侯以翼戴
周室,一面排斥外族以膨胀汉种。纪元前百三十一年,桓公
始会诸侯于北杏。翌年,平宋乱。又翌年,会于鄄。越明年, 桓公独立之运动
与诸侯同盟于幽,已而再寻幽盟,天子命为侯伯,由是虎威颇
震,大举排斥外族。是时白狄居雍州东北(今陕西陕州以
北),赤狄居冀州内部(今山西潞安府),白狄别种居其北,山
戎诸部又居其东北(均在直隶北境)。纪元前百十一年,蕃殖
于辽东地方之山戎人种,屡犯燕,燕不能防,急告于齐。桓公 桓公大排外族
救燕,伐山戎,燕赖以存。越二年,狄灭邢,桓公与诸侯救邢,
迁于移仪。又二年,狄灭卫,桓公更与诸侯救卫,改封于楚丘
(今滑县东)。史称邢迁如归,卫国忘亡,美其善恤亡国也。
此时楚武王起于荆蛮,势甚锐,桓公帅宋公、鲁侯、陈侯、卫
侯、郑伯、许男、曹伯伐楚。次于召陵(河南省开封府郾城
县),盟之而归。纪元前百二年,惠王崩,有继嗣之乱,桓公与
诸侯盟于洮,定襄王之位而安王室。明年,宰周公及诸侯会
齐侯于葵丘(河南省归德府考城县),王以优礼赐齐侯胙,且 葵丘之大会
以其老,命无下拜。旋王子带召伊洛之戎(西戎入居伊洛二

桓公管仲之合像

水之间者），伐周。桓公使管仲平戎于王，王以上卿礼飨管仲。当时桓公威势达其顶点，颇有骄色，诸侯渐形破坏之势。

桓公末路之污点 及管仲死而桓公任用小人，寺人貂、易牙、开方等专权，公又好内，内嬖如夫人者六人，国政棼乱。越二年，桓公卒，宋襄干涉齐政，而独立之机关破矣。

国史氏曰：桓公为独立之巨擘，九合之盟，葵丘之会，威加诸侯，名震四海。天子致胙，王人下临，环以旌旄，崇以坛壝，荣光隆宠，实极骇俗之观。虽平日跋扈崛强，不少受控御，如晋侯者，犹且奔走道路，惟恐其后至，何其壮哉。虽然，当时之所谓诸侯者，无一块之气力，无一副之才略，不过长袖自喜之徒耳。又其所谓会盟者，止于辞令应对之事，自今日见之，徒儿戏耳。惟攘去外族，使无横恣之忧，于种族上之竞争，有殊功焉。

宋公未成之独立

宋襄公 初襄公为太子，请立庶兄目夷，父桓公命之，目夷辞而退，襄公以为仁，授之政，于是宋治。纪元前九十三年，齐桓卒，襄公以常从齐桓，赞襄独立之业，两国亲密，受中外之尊敬。齐桓公五公子，势相等，托其长子孝公于襄公而卒。五公子争立，襄公乃率诸侯定其乱，立孝公，自是具独立之资格。虽然，其国褊小，又乏贤佐，治国之基础未立，妄从事于外，楚成王诇知其情势，伸猿臂以操纵诸侯。襄公忧之，与楚鹿上之盟 为鹿上之盟，得执牛耳。及次会诸侯于孟（归德府睢州），楚成王执襄公以伐宋，已而释之，然楚终不肯雌服于宋之下。泓之战 明年，与宋战于泓（水名，在归德府柘城县西），目夷请及楚人宋襄以姑息之仁丧师 未尽济，击之，公不可。济而未成列，又以告，公曰未可，遂为楚所败。国人救公，公曰君子不困人于阨，世笑以为妇人之仁，其后数年而晋文作。

晋文之独立

献公灭虞虢为独立之基础 文公名重耳，献公之次子也。献公以屈产之乘，与垂棘之璧，假道于虞（山西解州平陆县）以伐虢（河南陕州卢氏

县),虞公许之。宫之奇谏,百里
奚不谏,去之秦。晋灭虢,虢公丑
奔周,遂袭虞,灭之,晋始有独立
之基础。献公尝克骊戎,获骊姬,
嬖之,卒杀太子申生,公子重耳奔
白狄,公子夷吾奔梁(陕西同州韩
城县)。献公卒,国大乱,二君杀
死,夷吾重赂秦穆公及晋大夫求
立,齐桓使显朋会秦师纳之,是为
惠公。惠公入而背外内之赂,晋
饥,秦输之粟,秦饥,晋闭之粜,故

晋文之像

秦伯伐晋,战于韩原(在韩城县西南),虏晋侯,既而归之。其
岁晋又饥,秦伯复饩粟。重耳流浪于外十九年,周游诸侯。
及惠公卒,其子怀公立,遂藉秦穆之力入国。晋人杀怀公而
立之,是为文公。文公于游历中,与狐偃、赵衰、贾佗、魏犨
等,备尝艰苦,及即位,励精图治。时周室乱,王子带以赤狄
攻襄王。纪元前八十六年,王出居于郑,告难于诸侯。狐偃
曰:求诸侯,莫如勤王。文公从之,帅师纳王,攘赤狄,杀子
带,王厚飨之,赐之南阳(河南怀庆府)之田。此时楚北进之
势益炽,楚成王使令尹成得臣与陈侯、蔡侯、郑伯、许男围宋,
宋告急于晋。纪元前八十二年,文公以齐宋秦之师,与楚人
战于城濮(山东曹州府濮州南)。楚兵大败,遂与众诸侯会盟
于践土(河南开封府荥泽县西北)。营王宫,天王亲临,命文
公为侯伯,要言曰:"皆奖王室,无相害也。"鲁、卫、陈、蔡、郑、
许、曹、邾皆从晋,自是楚不能再与竞争。文公在位九年而
卒,襄公、灵公共强,数与秦构难,赵盾、赵穿等佐之,国力日
隆。已而灵公骄,怒盾数谏,欲杀之。盾逃而未出境。赵穿
弑灵公,迎盾。盾还,迎成公于周,立之。晋太史董狐书曰赵
盾弑其君,责其不诛穿也。虽然,赵氏遂由是大。成公薨而景
公继,虽与楚战失足于邲,而大败齐于鞍,置六卿,作六军,拟

文公周游列国

文公斥赤狄

城濮之战

践土之会盟

景公邲之战
景公鞍之战

厉公鄢陵之战 于王者。其子厉公伐郑，楚共王帅师救之，与战于鄢陵（开封府鄢陵县），大败楚师。自是厉公侈度骤涨，外壁日增，欲尽去群大夫而立其左右，使胥童杀三郤（郤锜、郤犨、郤至）。栾书、荀偃杀胥童，遂杀厉公，逆襄公曾孙周，于周而立之，是为悼公。悼公少而贤，使韩厥、荀莹为政，以士鲂、赵武、魏绛为

悼公复独立之业 卿，举不失职，爵不逾德，民无谤言，独立国旗，复辉海内。纪元前十九年，魏绛请抚无终（顺天府蓟州）诸戎，且陈和戎三

悼公交通外族传播文明 利，公说，使绛便宜行事，而汉种文明流传外族矣。绛又请尽积聚以贷，自公以下苟有积者尽出之，由是家给人足，三驾而仪表诸侯，楚不能与竞。至于平公，士匄逐栾盈杀其党，后盈入曲沃（山西绛州闻喜县），昼袭绛不克，奔曲沃。晋人围之，灭栾氏。纪元六年，晋赵武与楚令尹屈建盟于宋，宋平公及

晋楚平均之会 齐鲁等十国之大夫会焉，约曰："晋楚之从，交相见也。"晋楚竞雄，八十余年，至是始得平均之势。然尔后晋渐衰微，昭公权势较六卿（贵族）卑，当顷公、定公、出公之际，政权皆掌握

晋亡于贵族 于贵族，晋于是无复执牛耳之气魄矣。计晋前后挥独立之旗者，共百七十余年。

秦穆之独立

秦穆公 穆公与晋文同时，尝以外交手段，为晋纳惠公、怀公、文公等三君，而得河西酬谢之利益。及晋文卒，穆公欲展骥足于东方，始

秦晋交兵之起点 与晋交兵。纪元前七十八年，穆公使孟明视袭郑，蹇叔谏，不听。孟明视闻郑有备，灭滑而还（滑，今河南省河南府偃师县）。滑者，晋之边邑也。此时文公丧犹未

秦穆之像

殽之战 葬，襄公以秦乘丧伐我，要击秦兵于殽（山名，今河南府永宁县北），歼之，虏其三将，既而释之。自是秦晋构兵，殆七十年。然穆公经大创之后，益任用贤才，

招客卿,以交换智识,尝举虞大夫百里奚于市,以为相。奚荐穆公始用其友蹇叔、公孙枝,亦信任之。又得由余于戎,参议国政。孟客卿为顾明者,奚之子也。穆公以殽之败,深自罪,更用孟明,改革国问官政。旋伐晋,战于彭衙,再大败。纪元前七十四年,又使孟明大举伐晋,渡河,取王官及镐,以报殽之役。晋人不敢出。翼穆公大破年,伐西戎,服之,并国二十,开地千里,遂树独立之旗帜。西戎

　　国史氏曰:秦穆公以西陲建独立大国,历史家皆称
其收揽天下伟人为顾问官所致,然自其社会情形观之,
皆陆军发达之结果也。读《秦风·无衣》之诗,其国民尚
武之精神,爱国之热肠,溢于眉宇,正与斯巴达爱国歌相
埒,可知秦之崛兴,乃国民武士道之膨胀力,非一穆公一
百里奚等之脑筋所能制造也。

楚庄之独立

　　庄王者,成王之孙也,即位初放荡而耽于宴游,大夫伍楚庄王举、孙叔敖等力谏,骤变其方针,兢兢以强国为务。适国大饥,庸(湖北郧阳府竹山县)、麋(郧阳府治)大举侵略,庄王帅庄王平南蛮秦人、巴(四川重庆府)人伐庸,灭之,群蛮百濮皆服。又伐陆浑(西戎一种,居河南府嵩县)之戎,遂至于洛,观兵于周疆,旋举荐艾猎为令尹,施教安民,平众舒(安徽庐州府),盟吴越,楚国始强。陈夏征舒弑灵公,庄王伐之,谓陈人无动,将讨夏氏,遂入陈,杀征舒。因县陈,听申叔时之谏,复封之。纪元前四十七年,庄王以郑已服楚,又徼事晋,伐之。十旬而克,郑襄公肉袒牵羊以降。庄王因郑伯能下人,退师数里而许之平。晋景公使荀林父帅师救郑,不及,与庄王战于邲(开封府郑州东),败绩。越明年,使申舟聘于齐,过宋而不假道,庄王服郑宋人杀之。王闻之,投袂而起,驰围宋,宋告急于晋,晋不救,宋与楚平。

吴阖闾之独立

　　先是阖闾五世祖吴王寿梦之即位也,楚申公巫臣得罪奔吴阖闾晋,劝晋与吴同盟,使夹击楚,教吴乘车,教之战阵,吴于是始

通中国。且与楚启衅端，两国战争，互有胜败。五传至阖闾，

势甚强大，用楚亡人伍子胥、伯嚭为相，孙武为将军，尽师伐楚，大破楚军于汉水，更追击之，至郢。五战五胜，遂入郢，楚

昭王出奔于随。越王乘吴虚，侵略之，而秦兵亦救楚，破吴师，吴王还国。纪元五十六年，伐越，越王勾践逆击，破之于姑苏。阖闾伤而将死，遗命太子夫差报越。夫差即位，习战射，常以报越为念，使人立于庭，苟出入，必谓己曰："夫差而忘越王之杀而父乎？"即应之曰："不忍忘。"纪元五十八年，举精兵败吴于夫椒（山名，江苏常州府无锡县太湖滨）。勾践以残兵退栖会稽（山名，浙江绍兴府城东南），使大夫种因吴太宰伯嚭行成，请为臣妾。吴王将许之。伍子胥曰：不可，树德莫如滋，去疾莫如尽，勾践能亲而好施，与我同壤而世为仇

雠，今不取，后虽悔之，不可及已。太宰嚭受越赂，劝夫差许之。子胥退告人曰：越十年生聚，十年教训，二十年之外，吴其为沼乎！纪元六十四年，夫差伐齐，破于艾陵。次伐鲁，又伐齐，连年用兵于北方，不复顾越。吴之将伐齐也，勾践率其众以朝焉，王及列士，皆有馈赂，吴人皆喜。惟子胥惧，曰：是豢吴也。王不听，而赐子胥以死，后十二年而吴灭。

吴越战争之图

三　越王勾践之尚武主义及其独立之特色

勾践尝以其父允常为吴阖闾所败，坚报仇之志，挫之于檇李(浙江嘉兴府秀水县)。而阖闾之子夫差，亦为其父报越仇，卧薪尝胆者三年，遂破越，围勾践于会稽山。勾践乃屈身行成，重用范蠡、大夫种等奇才，整厘国政，以雪前耻为义务。大讲习兵术，举国无贵贱长少，皆从事于兵。陆军精神，轰然

勾践之像

越王勾践

雪耻之义务

军国民主义

发达，五尺童子，皆有吞吴之气概。适是时，夫差志骄气盈，欲与上国争衡，北上，与诸侯为黄池之会。国虚，勾践以苦心焦虑所养成之军人，大举袭吴，入其都，获太子友。吴急告于王，王秘之。已而盟黄池归，厚礼与越和。纪元七十四年，越又伐吴，吴御之笠泽(即《禹贡》震泽，今曰太湖)，夹水而陈。勾践为左右句卒，使夜或左或右，鼓噪而进。吴分师以御之，越以三军潜涉，当吴中军而鼓之，吴师大乱，遂败之。越二年，复伐吴，明年围之，吴人出挑战，一日五反，越子将许之。旋用范蠡之计，弗与吴战，居军三年，吴师自溃。纪元七十九年，遂入吴。吴王率其亲近之士，与其大臣，以上姑苏，使公孙雄肉袒膝行请成。勾践不听，曰：昔者，天以越赐吴，吴不取，今天以吴赐越，越其可逆天乎？遂一鼓灭之。夫差将死，自蔽其面曰：吾无面见子胥也。越既灭吴，乃兵北渡淮，与齐、晋诸侯会于徐州，致贡于王。王使人赐胙，命为伯，勾践号令齐、楚、秦、晋，皆辅周室。秦不如命，勾践选吴越将士，西渡河，攻秦。会秦引罪，乃还军。渡淮而南，以淮上地与楚。又与鲁泗东方百里，归吴所侵地于宋。越兵横行江淮，全

军国民之运动

军国民之结果

不撞对手国，号称霸王。于是范蠡以功成名就，辞位去国，乘扁舟，浮于五湖，变姓名适齐，遂止于陶，转贩货物，致巨万之富，自称陶朱公。鲁人猗顿，往而问术，学牧畜，行十年，赀拟王公。故后世称天下之富，必曰陶朱猗顿。其大夫种后以谗死。

范蠡经济学之特点

四　晋楚北南雄飞及其竞争之中心点

晋楚之南北竞争，在春秋中叶，楚共王之立也。晋景公遣郤克合鲁、曹诸国之兵，共伐齐。共王遣婴齐率蔡、许之兵以伐鲁救齐，鲁遂请成，畏晋而窃为盟。楚又伐郑，晋出兵救之。晋楚率与国而为衡，不止。及景公薨，厉公立，宋华元以善于晋楚之大夫，谋两国之调和。在宋会两国而成盟，其盟辞曰：凡晋楚无相加戎，好恶同之，同恤菑危，备救凶患。若有害楚，则晋伐之，在晋亦如之。交贽往来，道路无壅。谋其不协，而讨不庭。有逾此盟，神明殛之，俾坠其师，无克胙国。既而晋伐秦，破其兵于麻隧，楚又破盟，而侵晋之与国郑卫。郑遂从楚。晋因伐郑，与楚之援兵战于鄢陵，大破其军。无何而晋厉公被弒，悼公以雄伟之资格，改革国政，遣韩厥率诸侯之师而伐郑，遂城虎牢。自是之后，晋楚共以郑宋之从违，交最剧最烈之锋。及悼公薨，平公立，楚共王亦薨，而康王在位，于是诸侯开弭兵会于宋。

晋楚竞争之舞台

晋楚平和会

晋楚竞争之烧点

晋楚竞争之最高潮

初宋向戌以善于晋赵武、楚屈建，欲诸侯之弭兵，往晋楚，受其许诺。又告齐鲁，以二国欲赞其成之意，得四国之承诺。故告各小国，而开会于宋。至期，以赵武、屈建为始，鲁之叔孙豹、齐之庆封、郑之良霄、邾滕之君，陈、卫、蔡、曹、许之大夫，皆与会，共歃血为誓，然亦无弭兵之效。

诸侯弭兵会之组成

春秋之际，齐、晋、楚、秦、吴、越等六国，能建独立之旗鼓者，莫不由于地形之便。晋虎踞于北，秦狮吼于西，楚鹗跃于南，齐鹰邻于东，吴越盘踞东南大陆，皆有特别天府之地，交通之咽喉，而得以争雄中原故也。宋之独立不成，非特襄公

晋楚齐秦吴越独立之原因

之无其能力,亦以地形为四战之国故也。晋楚之所以最强大,永雄飞北南者,观左所载两国所灭之国名,思过半矣。

晋所灭之国名

虢、耿、霍、魏、虞、肥、鼓、焦、杨、韩、赤狄、潞氏、甲氏、留吁、铎辰、偪阳、陆浑

楚所灭之国名

权、申、邓、息、弦、黄、夔、江、六、庸、萧、赖、陈、蔡、唐、顿、胡、沈、舒蓼、舒庸、舒鸠、蛮氏

　　国史氏曰:春秋大势,郑宋界中区,南北画之,形势趋之,战争萃之,伯主盟会争之。盖当四方八面之交通点,故为列国竞争之中心,犹今日意大利为欧洲各国舞外交手段之运动场也。

五　春秋末叶之星点

　　楚郏敖之立也,叔父围为令尹,杀郏敖而自立,是为灵王。灵王使伍举如晋,求诸侯,请如宋之约。晋平公欲勿许,女叔齐曰:不可,晋楚唯天所授,不可与争。楚王方侈,君其修德以待其归,平公从之,诸侯会灵王于申。王率以伐吴,遂灭赖,取鄠。陈哀公之弟招,杀太子偃师。哀公缢,灵王使弟弃疾奉偃师子,围陈,灭之。放招于越。灵王又诱蔡灵侯杀之,遂灭蔡。杀太子友为牺牲,以祭岗山。城陈蔡不羹(故城在河南南阳府舞阳县西北),使弃疾为蔡公。又遣师围徐,以惧吴,王次于乾溪(安徽颍州府大和县东),以为之援。纪元二十三年,陈蔡不羹起革命军,奉蔡公入郢,杀太子禄。王将还,师途而溃。王缢,弃疾立,是为平王,复封陈蔡。 楚灵专制之手段 陈蔡不羹之革命军

　　齐栾施、高疆,与陈无宇、鲍国斗,栾、高败,陈、鲍分其室。晏婴谓陈、鲍必致诸公,无宇尽致之,而老于莒。景公与之高唐(山东济南府禹城县),陈氏始有独立之资格。无宇召诸公族,尝被逐者,而皆反其邑。公族之无禄者,私分之邑, 齐国内讧 齐陈氏树独立之根基

国之贫困者，私与之粟，齐民多归心焉。晏子恭俭，善与人交，立强臣之间，以礼自守，人不敢犯。景公重敛繁刑，晏子屡托事规谏，公能纳之。然公室已微，不能复救。

吴楚构兵之原因

楚平王信谗，欲杀太子建，执其师伍奢。奢有子尚及员，王召之。尚谓员曰：吾智不逮汝，我虽死，汝能报之。尚至，王并杀之。员将亡，谓其友申包胥曰：我必覆楚。包胥曰：勉之，我必复之。员奔吴，训练有年，导吴师伐楚，败之于柏举（河南汝宁府西平县），五战入郢。申包胥如秦乞师，秦哀公未许，

包胥救国之热泪

包胥哭于秦庭七日夜，勺饮不入口，秦乃出师。明年，包胥以秦师至，大败吴师。昭王入于郢，赏功臣，包胥曰：吾为君也，君既定矣，又何求？遂逃赏。

晋之内乱

晋自昭公以来，公室卑弱，范、智、中行、赵、魏、韩氏皆大，号为六卿。范氏即士氏，智、中行氏，皆荀氏也。纪元六十二年，范昭子、中行文子，伐赵简子。简子奔晋阳（山西太原府太原县）。智文子言于定公，曰君命大臣，始祸者死，今三臣始祸，而独逐鞅，刑不均矣，请皆逐之。智文子与韩简子、魏襄子，奉公以伐范氏、中行氏。二氏败，韩、魏以赵氏为请，赵简子入于绛。

六　外族跋扈之颠末

外族之起原

外族交涉之最古者，黄帝邑涿鹿时，驱逐北狄荤粥是也。次唐虞之世，禹平水土，区划九州，南至交趾，西至析支、渠搜、氐羌，北至山戎、息慎，东至岛夷之属，皆宾服。然惟苗族根据荆州、江淮等地，桀骜相抗，禹以狮子搏兔之力，歼而平

外族侵略

之。不数载，仍叛服无常。及于殷末，渐崛强，乘汉种威势不振，蚕食中国西北方。周初与外族杂居，其后太王迁于岐下，始离外族的戎狄等巢窟。然犹以与之接境，交涉常不绝。至西伯，常征犬戎，服之。武王时，周势甚盛，戎狄屏息，其伐纣也，庸、蜀、羌、髳、微、卢、彭、濮诸戎，皆从之。肃慎（即息

慎)、越裳等,亦重译而来贡。及于成王,淮夷徐偃等,乘武王丧侵略,周公征服之。穆王更征犬戎。然自是周室愈衰,外族愈强悍,懿王竟避其锐锋而去镐京。洎宣王中兴,征服四方,伐猃狁,至于太原,筑朔方,外族复一时慑伏。然子幽王淫虐,申王与犬戎连合而攻王,杀之。平王东迁,王威益失坠,外族有骎骎不可制之势。且乘王命不行于中国,诸侯相争夺,无所统一,遂深侵入中原。神州乐土,多为其所蹂躏。虽然,天演现象,不出优胜劣败之范围,强有力之诸侯,前后蜂起,纠合诸侯,攘斥外族,犁其庭,空其穴,尽夺其殖民地,而长驱于边外矣。

西北外族
骎淫于内地

诸侯克除
外族

七　管仲子产之政治谭

管仲相齐,去周制之周密,而行其简易。仓廪实而知礼节,衣食足而知荣辱。上服度,则六卿固。四维不张,国乃灭亡。此其政策之根据地也。更分析之,则四民不使杂处,制国为二十一乡,作内政以寄军令,官山海以准轻重,立三选以择贤,分五属以布宪,重农以权谷币,赎罪以备器械,厚聘币,反侵地,以亲诸侯,皆其政界最重之要素。其结果也,一匡九合,谈笑决之。盖春秋二百四十余年间,屈指之人物也。

管仲之政治

子产,郑之公族,名侨。简公始以政属之,子产使都鄙有章,上下有服,田有封洫,庐井有伍。卿大夫之忠俭者从而与之,泰侈者因而毙之。三年,舆人诵曰:我有子弟,子产诲之。我有田畴,子产殖之。其为人恭敬,养民以惠,能择而任,且善于外交,作辞命,裨谌草创之,游吉讨论之,公孙挥修饰之,子产润色之。故郑挟晋楚之间,昔虽国势不振,无岁不被晋楚之兵,及子产为相,以权利自固,毫不受屈于人,终其世,虽强如晋楚,不敢有所加焉。其寝疾时,谓子大叔曰:"我死,子必为政。惟有德者能以宽服民,其次莫如猛。夫火烈,民望而畏之,故鲜死焉;水懦弱,民狎而玩之,则多死焉。故宽难。"

子产之政治

八　政治家之孔子

孔子相鲁　　　孔子,鲁人,今山东曲阜县地,名丘,字仲尼,我国历史所奉之以纪元者也。纪元五十一年,鲁定公以孔子为中都宰。一年,人民怀德,四方则之,遂为司空。更进而为大司寇,相定公,会齐侯于夹谷(山东泰安府莱芜县南)。齐人欲劫鲁侯,孔子以礼却之。将盟,齐人加于载书曰:齐师出境,而不以甲车三百乘从我者,有如此盟。孔子使兹无还揖对曰:而不返我汶阳之田,吾以共命者,亦如之。汶阳者,齐所侵鲁地也。齐侯将享鲁侯,孔子又以礼沮之,乃不果享,齐人归鲁侵地。

孔子抑三桓　　　鲁有三家,出于桓公,谓之三桓。三桓专国,公室卑弱。季氏最僭骄,孔子使门人仲由为季氏宰,将堕三都。三都者,三家之邑也。纪元五十四年,叔孙氏堕郈(叔孙氏邑,故城有二,一在山东泰安府东平州南,一在沂州府城东),季氏将堕费(山东沂州费县)。费人袭鲁,定公入于季氏之宫,费人攻之。入及公侧。孔子命申句须、乐颀伐之,费人北。国人败之,遂堕费,独孟氏不肯堕成。孔子为政,鲁国大治。齐人惧,归女乐以沮之,季桓子受之,三日不朝。孔子去鲁,历聘诸侯,门人多从之。后十余年,季康子以币召之于卫,乃归鲁。然鲁终不能用孔子。

九　列国国际上影响

春秋之世,诸侯虽竞强争雄,惟力是视,然周之制度文物,犹未全灭。列强纷争之际,会盟交聘公法等事盛行,内虽阴险不测,外皆有崇尚礼仪之风。今举其重要者,列之于左。

公法上事件

春秋之公法　　　诸侯各据方隅,各自掌握兵马财政之权,故常有攻战讲

和之事，而列国之交际，亦应有之要质，于是不得不讲。既有
交际，则所谓公法云者，自发达于其间。由会盟交聘以至攻
守战争，无一不茵席此法。我中国古代万国公法，据美国人
铁耳拉之说，当时列国所行公法，其条件于左：

一、军旅所至，不得秋毫犯其人民。

二、兵必以鼓进，敌未成列者，不可击。

三、无故不得兴兵，若师出无名，各国有干涉之权利。

四、御强卫弱，公认为义。

五、诸侯不得擅灭人国，以弃先王之命。

六、局外之国，亦俨有权利可守。

七、新创之国，必与各国会盟，始公认为君。

八、非有大故，不得废弃所订条约。

九、游历公使，出必与节，过必假道。

十、遇有战争，必先传报。

十一、不许用毒物涂兵器。

十二、藩属国必力加保护，其国不得与外人私立条约。

十三、名山大川不以封。

右所举各条，春秋时，行于干戈玉帛之间，列国共认为公
法者也。综览《周礼》《三传》《国语》《国策》等记载当时事
迹之书典，皆合此公法之主旨。孔子所修《春秋》，其与夺褒
贬，悉以此公法为标准。至于战国，列国交际，如洋海之水
泡，遂归于废绝。

会盟上事件

列国之会盟，与近时欧洲诸国所行者，其性质颇同，大概 春秋之会盟
以保护力平均为宗旨，如或归侵地，或定境域，或议定通行之
法律等是也。其会盟之法，以大国为盟主，盟主先至会场，通
知会日于会员。及期，盟主执牛耳，与同盟者歃血而誓。其
誓词，必藏深严之地，曰盟府。虽然，此以文为贵者也，又有
以实为贵者，或以子为质，或以宝器为质，或使讨他国背盟之
罪等是也。

使聘上事件

春秋之使聘　　会盟修约既行，于是使聘往来，渐赴频繁，而一定之制，亦随之而出。有正使，有副使，有献币帛皮毛之礼。一闻使者之来，即洒扫其旅馆，修缮其库厩，整顿其道路。及其将至也，行郊迎式，既入旅馆，甸师设庭燎，仆人巡逻四周，警戒非常。隶人牧圉，处置车马、车辖等事。办理既毕，即入朝堂，申使命之旨，然后行飨宴。宾主共赋诗，而相应和，各申其志。洋洋谈笑之际，修其邻交，诚有文明气象矣。

十　贵族专横之原因及春秋之终局

周自东迁以来，虽无复天子之实权，然春秋之初，犹有文武余烈，且距宣王中兴不远，故天子尚存几分威严，受天下尊敬。凡诸侯图独立者，必藉言尊王，以收民心。及周室衰，无恢复维持之望，天下大权，乃悉归于大诸侯，各抱统一天下之希望。由弱肉强食之结果，渐致膨胀，于是搏搏神州，无一人唱尊王之说，全为大诸侯竞争之舞台。虽然，诸侯攘夺天子之势力，贵族又攘夺诸侯之势力，何者？当时诸侯世袭名爵，生长富贵，为日既久，自听国政，固其所难。及邦国广通，更不容易。加以汲汲于会盟，于是国内之事，不得不委于重臣

贵族之专横　贵族。贵族世世任政，遂频施私惠，得国民之归服。且与列国交涉甚繁，其奉使他国者，常窃通殷勤，以为日后之外援。故权力渐增，名声日盛，骎骎有尾大不掉之势。如秦楚之新国，曹蔡之小国，有此赘疣者颇少。至于老旧大国，则大不然，宋之公族，鲁之三桓，齐之陈氏（后改姓田），晋之六卿，其权力之盛，均达于极点。然宋虽有公族之乱，幸不至灭国，鲁虽有三桓之横，幸不至失国，惟齐晋二国，则有骇魂瞀目之观。

齐之田氏　　齐田氏之先，自陈来齐者也。景公时，田乞为大夫，以小斗收赋税，以大斗施米粟，大收民心，其势益强。及景公薨，逐其子，杀其大夫而专政。后简公时，田恒杀诸大夫及公族，

又杀其君而立平公。宣公时,田盘为政,以兄弟宗人为齐邑大夫,与晋之韩魏赵氏通使,共谋夺其主位。

晋之六卿者,范、中行、智、韩、赵、魏之六氏也。纪元九十四年,晋襄子(文子之孙瑶)与韩不佞、魏哆、赵无恤共分范、中行之地,以为私邑。出公大怒,告齐鲁而伐四氏。四氏反攻公,公奔齐。道死,智伯立懿公,而擅晋政。智伯贪而愎,求地于魏桓子驹、韩康子虎,皆与之。又求于赵,赵襄子无恤,不与。智伯怒,帅韩、魏之甲以攻之。初襄子父简子,使尹铎为晋阳,请曰:以为茧丝乎? 抑为保障乎? 简子曰:保障哉。铎损其户数,以轻赋税。简子谓襄子曰:晋国有难,必以晋阳为归。至是襄子出奔晋阳,三家围而灌之,城不浸者三版,沉灶产蛙,民无畔意。纪元九十九年,赵无恤使人潜出说韩魏,韩魏与之约,共败智伯军,灭知氏而分其地。自是三氏之势更盛,益蔑晋室矣。

晋之六卿

第五章　战国之风云（自纪元八十五年至三百三十四年）

春秋之末，文武周公礼乐刑政，既荡然扫地，攻伐斗争日甚，诈力权谋，公行而无所讳惮，脱仁义道德之假相，而露出弱肉强食之真面目。英雄豪杰互相见于修罗场里，演极惨怆之活剧。诸侯自称王号，各不相下，名虽在周之配下，实俨然一独立国也，是曰战国之代。

一　战国之开幕及韩赵魏田齐崛兴

晋赵韩魏贵族之为诸侯　　纪元百四十九年，周威烈王命魏斯、赵籍、韩虔列为诸侯，号曰三晋。斯桓子之孙，是为魏文侯。籍襄子兄伯鲁之曾孙，是为赵烈侯。虔康子之孙，是为韩景侯。

魏文侯之得人　　魏文侯以卜子夏、田子方为师，每过段干木之间，必轼，四方贤士多归之。尝使乐羊伐中山（白狄别种，在直隶正定府），三年克之。使西门豹守邺（河南彰德府临漳县），河内称治。李悝教民尽地力，作平粜法。卫人吴起善用兵，文侯以

吴起之善用兵　　为将，拔秦五城。起与士卒同衣食分劳苦，卒有病疽者，起为吮之，士卒乐为之死，守西河而秦不敢东向。及文侯卒，子武侯立，起与魏相不合，去之楚。楚悼王以为相。起明法审令，捐不急之官，以养战士，要在强兵，而贵戚大臣多怨之。及悼王卒，攻杀之。

赵烈侯　　赵烈侯好音，命相国公仲连赐郑歌者二人田，人万亩，公

仲诸而不与。旋公仲进牛畜、荀欣、徐越三士,畜侍,以仁义,明日欣侍,以举贤使能,明日越侍,以节财俭用,度功德而赐与,烈侯悦,止歌者之田。

纪元百六十一年,田襄子之孙和,迁齐康公于海上,使食一城。其后会魏文侯求为诸侯,文侯为之请于周,周许之。和为齐侯,号大公。及康公卒,无子,田氏遂并其邑。至田齐称王,是为威王。初立时,国不治,诸侯来伐。纪元百八十二年,威王召即墨(山东莱州府平度州东南)大夫语之曰:自子之居即墨也,毁言日至,然吾使人视即墨,田野辟,人民给,官无留事,东方以宁。是子不事吾左右以求誉也,封之万家。召阿(山东兖州府阳谷县)大夫语之曰:自子之守阿,誉言日至,然吾使人视阿,田野不辟,人民贫馁。赵攻甄(山东曹州府濮州),子不救,卫取薛陵(在阳谷县东北),子不知,是子厚币事吾左右以求誉也。是日烹阿大夫,及左右尝誉者,群臣悚惧,莫敢饰非,齐国大治,诸侯不敢致兵者二十余年。

〔齐田贵族为诸侯〕

〔齐威王之英明〕

二 韩赵魏齐楚燕秦系统案内(附战国列强兴亡表)

自战国开幕,而中原小诸侯灭亡殆尽,宋、鲁、卫、郑、周,虽尚保余喘,然失独立之柄。舞台上之出色巨子,全在北燕、南楚、西秦三旧国,及韩、赵、魏、田齐新四国等。就中占主动之位者为秦国,余六国惟立于防御之地已耳。今叙述其沿革大势如左。

韩者,武王子韩侯之裔,至武子事晋,封韩原,因称韩氏。数世至献子,列六卿。又五世至康子,与赵、魏二氏分智氏之地。至于景侯,始列诸侯。及哀侯,乃与赵、魏共分晋地,又灭郑,都之。经懿公至昭公,相申不害,国治兵强。自宣惠王时,数世为秦所攻,至王安时被灭。

〔韩国〕

赵与秦同姓,造父始封赵城,称赵氏。六世至奄父,仕晋。又六世而赵衰佐公,助霸业。后至简子,六卿相并而执国

〔赵国〕

政。及襄子,始与韩、魏为三卿,因有晋室之大地。经献子至烈侯,始为侯。及敬侯,与韩、魏悉分晋地。由成侯至肃侯,用苏秦之谋,使六国合从当秦。秦又以谋欺韩魏而伐赵,从约败。

长平之役 经武灵王至惠文王,势颇振。及孝成王,陷于秦之反间,退廉颇而将赵括,长平之役,为秦将白起所破,坑卒者四十余万。邯郸被围,得楚魏之助,渐斥秦军,自是国势衰。经悼襄王至幽缪王,又陷秦间,而失李牧、司马尚等名士,终为秦所灭。

魏国 魏者,毕公高之后也。一旦国绝,后裔有毕万者,仕晋献公,邑于魏。其子武子犨,仕文公,助独立之业,为大夫。二世至献子为卿,其后至文侯为诸侯,多集贤士,国大治。再传

孙膑战马陵之兵略 至惠王,伐赵破韩。韩已迫危,求救于齐。齐宣王使孙膑为将伐魏。膑以奇谋诱魏将庞涓,大破之于马陵(直隶大名府元城县东南),杀涓,虏太子申。惠王大恐,急招天下贤士。然自后经襄王、哀王、昭王,常为秦所苦,国力日弱。安釐王时,有信陵君无忌等稍复势,率五国之兵破秦军。再传至王假,为秦所并。

齐国 田齐系陈侯之族,事齐,后渐强大,终代吕齐。公子完始仕桓公。五世至桓子,事景公,为大夫,施私惠,收民心,专庶政。其子成子弑简公。数传至太公和,遂以周安王之命为侯。至于威王,国威不振。威王乃明赏罚,专求治,有檀子、盼子、黔夫等贤士助之,遂大兴。经宣王至湣王,国威远振,与韩魏伐秦兵,破之,又并宋。已而王心骄,为燕军所破,旋藉田单力复之。湣王子襄王立,其子王建继,骤衰。秦威势日隆,使客反间劝朝于秦,遂为秦兵所逼而降,齐于是全灭。

楚国
怀王为秦所欺
张仪外交手段之辣 楚者,春秋时之大强国也,其世系见前。简王时,天下为战国,数世至宣王,有南方一带,威势颇张。又二世至怀王,与关东五国为从约,以抗强秦。秦使张仪绐之曰:秦所甚憎者齐也,而王结之,此秦不能与王和之所以也。王若闭关绝齐,仪愿献商於之地六百里。怀王大喜,不用陈轸之谏,而绝齐湣王。秦因得伐齐,随骗商於之地。怀王大怒,再伐秦,再

败,失汉中之地。受韩魏之兵,国大苦,王犹不觉,或与五国为从,或与秦为横,卒致受两者之兵,国力益衰。秦乘之,诱执于武关,卒于秦。其子顷襄王立,秦又攻而拔郢都,楚乃徙陈。及考烈王时,举春申君黄歇为相,救赵灭鲁,国势又张。歇被杀,又衰。厉幽王、哀王而至王负刍,遂全灭于秦。

燕亦春秋之旧国,但不强盛。经三十余世至文公,为七强国之一。纳苏秦之说,与六国合从,旋事败。由易王而至王哙,为苏代所欺,让其位于相子之,自避而为臣,国内大乱。齐兴师杀王与子之,国人迎立太子平,是为昭王。王行仁政,厚币招贤者,郭隗、乐毅等贤士,云集幽燕,由是大破齐,下其七十余城。然惠王、武成王、孝王相继而立,国力不振,至王喜为秦所灭。 燕国

秦亦春秋时四强国之一,至战国国势大盛,今以其为七国中之主动者,其兴隆大概,特详下方。 秦国

战国列强兴亡表

国名	氏姓	都城	今地所在	世系	传代	灭亡纪元数	灭国
韩	姬姓	阳翟	河南禹州	景侯	一一世	三二五年	秦
赵	嬴姓	邯郸	直隶邯郸	烈侯	一〇世	三二七年	秦
魏	姬姓	安邑	山西夏县	文侯	九世	三三〇年	秦
齐	田姓	临淄	山东临淄	大公	七世	三三四年	秦
楚	芈姓	郢	湖北荆州	熊绎	四一世	三三二年	秦
燕	姬姓	蓟	直隶大兴	召公	四三世	三三三年	秦
秦	嬴姓	咸阳	陕西咸阳	非子			

三　七雄之形势及六国于地理上灭亡之理由

战国地势,颇扩张界线,越春秋范围以外。秦据今之陕西、甘肃、四川等地方,都咸阳(今陕西西安府咸阳县)。楚据今两湖、两江、安徽及浙江一部各地,都郢(湖北省荆州府)。 七雄之地势

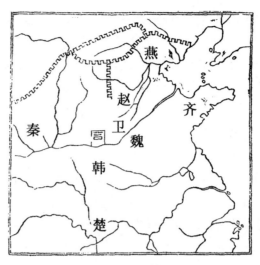

战国之七雄

燕据今直隶盛京地方,都蓟(直隶省顺天府大兴县)。齐据今山东地方,都临淄(今山东青州府临淄县)。赵据今直隶一部及山西北部,都邯郸(直隶省广平府邯郸县)。魏据今陕西、河南、山西各一部,都安邑(山西解州夏县)。韩据河南省一部,都阳翟。以土地广狭而论,楚最大,秦次之,齐赵魏燕,顺次次之,韩极小。以形胜便利而论,秦占天下上游,西北抑戎狄,东面而窥诸侯之隙,大有高屋建瓴之概。楚盘踞南方一带,据大江之险,尝为北侵之计。燕居头颅之地,南面而与诸侯争。齐鹗跃东方,有山海之利,西侵之念常不止。韩魏赵为天下中央,兵家所谓四战之地,英雄据之,足以左右中原,否则兔死于狮子战场也。以势力强弱而论,秦最强盛,常取主动者之态度,而临于他六国。六国自让一步,常不免为受动的。

六国灭于秦之理由,于地理上亦有种种关系。自古君临中国者,以统一关东为有天下之证据。秦僻于雍州,在中原界线之外,六国之人,常以夷狄目之,故六国之目的,不在秦之分夺,而常注意于统一山东。是以互相侵伐之运动,必先肆于五国而后及秦。秦乃巧乘其弊,冲其虚。此秦所以并六

（左侧标注：土地广狭比较 形胜便利比较 势力强弱比较）

国之一原因也。更有进焉者,春秋时,关东强国,曰齐晋楚。就中,晋最强大,自晋三分为韩赵魏,以合同之力,不能当齐楚与秦。而齐楚与秦之政略,以先并三晋为目的,赵亦窃思统一三晋。魏又不联韩,以求团结之效,于是韩魏共受其苦。见秦强盛,常屈膝之以拒齐楚,而齐楚乃日弱,秦乃日强。此又秦所以并六国之一大原因也。

　　国史氏曰:韩赵魏之三其晋,周秦兴亡之大关键,秦晋强弱之大机缄也。综计晋地势,包秦东、东南、东北三面,合围之势成,故秦欲举动,晋即掣其肘,使踯躅一隅。晋不破,则门户不开。门户不开,则东南诸侯非其所问。及晋既为韩赵魏,而河曲、上郡、少习,次第入秦。虞、虢、桃林、孟津、潼关,先后为秦灭。晋所得秦之地利,仍为秦有,而于是晋始不支,秦遂一统矣。

四　秦孝公之雄图及商鞅之政界大革命

自周失政,列国瓜割其地,齐据山东千里之沃土,韩赵魏奄有河南、山西、陕西、直隶各大部,楚横江南,燕兴盛京直隶,国国争雄,猛士如云,谋臣如雨,角胜负之势力,天下纷纷,无所统一。而秦得陕西之地,韩魏控其冲,楚胁其肩,赵燕窥其北,齐当其东。当是时,六国之地五倍于秦,六国之众十倍于秦,孟尝、信陵、平原、春申等,皆天下之贤

七雄商周

秦孝公之像

才,而秦乏之。廉颇、李牧、孙膑、田单、赵奢、乐毅等,皆将百万之良将,而秦又乏之。然其结局,六国为秦人所制,今日割

五城,明日割十城,智屈勇穷,遂为其所亡者。何哉?盖由六国人士暗于大势,而不能制机,秦独明于大势,能相机而动而已。其开此雄图,成后日并吞六国之基者,则孝公也。

纪元百八九十年之顷,河山(河谓河西,山谓华山终南之属)以东,强国六,淮泗之间,小国十余。秦僻在西陲,与楚魏接界,诸侯皆摈秦,以夷狄遇之,不得与中国之会盟。秦孝公

孝公发愤雪耻之政策

发愤修政,誓欲强秦,以英武之姿立国。据形势之雄,以挫六国之兵,定进略之国是,以攻六国之地。网罗英雄,以制六国之势,于是六国之士俯首柔服。虽尝激发勇气,而不能抗之,皆惮其勇,畏避不前。秦徐徐起而鼓余力,以承其弊。此孝公所以制天下之势之大略也。夫六国之雄将悍卒,日夜锐意而叩关攻秦,秦人开关延之,从容不迫,百万之师逡巡而不能进,故秦无亡矢遗镞,而诸侯之势已穷。此非据形胜之雄而谁乎?秦发挥尚武之气象,洗涤骄奢之风习,使之争死于敌,六国之士未战而气已屈,左支右吾,进退共失。秦人用其全锋,如韩卢搏蹇兔,此非定进略之国是而能若是乎?六国虽有奇特之士,不能用之,即用亦不能尽其才。秦独驰驱稀世之豪杰,使大展鸿猷,此非网罗英雄者耶?且孝公知大势,谋虑周密而无遗算,策略敏警而无废功,故虽谓秦之灭六国,全由于孝公,亦无不可。虽然,时势造英雄,秦所以制成此闳壮之规模,其影响于时势者,亦有一段历史。其历史维何?盖春秋

秦之休养国力

末叶,中原诸侯疲于合盟,急于争伐,无暇暨振兴国势,其间独秦自穆公至孝公,凡二百五六十年,专以休养国力为务。

商鞅为政治革命之始祖

商鞅者,政治界革命之始祖也。纪元百九十三年,孝公令国中曰:宾客群臣,有能出奇计强秦者,吾且尊官与之分土。卫公孙鞅应其招而入秦,见孝公,说帝道,说王道,三变

商鞅扫灭旧社会而改造新社会

为霸道,而后及强国之术。公大说,举为相,委以国政。鞅明察果断,一洗旧来腐败之社会,特创新法,团结国民而计闾里之一致,振兴军务而长强悍之风,奖励实业而培国本,振肃风俗而养气质,着着见功,日日进步。今述其大改革之要点于左:

一，大破坏井田之法，以尽地力，任人民之力而使耕作，不设制限，且公许卖买田地，使多其开垦与收获。

二，人民有二男以上而不分家者，倍其赋，且以秦则地广而人少，晋则地狭而人多，招三晋之民，移住开垦。

三，有业耕织多致粟帛者，免其役。事末利(工商)及怠而贫者，收孥之，以特奖国内农业，而固富国之基。

四，一切爵位，由军功授之。虽宗室，无军功者，除其籍。又禁私斗，犯者各以轻重被刑。

五，立什伍之法，使互相纠察。若不纠举，则相连坐。

六，告奸者与斩敌首同赏，匿奸者与降敌同罚。

鞅既草宪令六条，未布，恐民之不信，立一木于国都南门，募民能徙置北门者予十金。民怪之，莫敢徙，复曰：能徙者予五十金。有一人徙之，辄予五十金，乃发令。太子犯法，鞅曰：法之不行，自上犯之，然君嗣不可施刑，刑其傅公子虔，黥其师公孙贾。秦人皆趋令，行之十年，道不拾遗，山无盗贼，民勇于公战，怯于私斗，家给人足，国内大治。秦于是徙都咸阳，并诸乡聚

商鞅市信手段

鞅精于法律

鞅政策之结果

商鞅之肖像

为县，县治令丞，凡三十一县。废井田，开阡陌，更为赋税法，平度量衡，而国势再进一步。纪元二百十四年，鞅因韩与齐败魏，言于孝公曰：魏破于齐，诸侯畔之，此时伐魏，魏必东徙，然后秦据河山之固，东向以制诸侯，此帝王之业也。公从之，使鞅伐魏，魏使公子卬御之。鞅遗卬书佯和，与会饮，伏甲虏之。因破魏师，惠王恐，献河西之地以和，去安邑，徙都大梁。秦封鞅商(今陕西商州)於(河南南阳府颍川县西)十

商鞅之灭国政策

五邑,号曰商君。然商君以手段太辣,人多怨之。孝公卒,子惠文立,报旧怨,车裂以徇。

五 苏张之大外交手段

秦以形势之地,一定进取之方针,常东向六国之地,肆其攻略。六国之士,互联络协力以摈秦,秦亦用其政略以抵制之,于是合从连衡之说,震撼中原。从者纵也,南北为纵。当时六国位置,列于南北,故六国订攻守同盟,曰合从。始倡合纵之说者,有苏秦。秦为东周洛阳人,与张仪俱事鬼谷先生,学从衡之术。秦尝西赴秦国,说惠文王以并天下之策,不用,穷困而归,更凝思从衡策上,有连合六国当秦之计。遂于纪元二百二十一年,北说燕文公曰:燕之不被秦兵,以赵蔽其南也。与赵亲,六国为一,则燕必无患矣。文公从之,资秦车马以至赵,说肃侯曰:秦不敢举兵伐赵者,畏韩魏议其后也。韩魏入秦,则赵危矣。臣窃为君计,莫如六国合从以摈秦。肃侯大悦,厚赐赍之,以约于诸侯。秦乃见韩惠王、魏襄王、齐宣王、楚威王,所至逞高谈雄辩,大演六国所以当合从之说,诸国皆服其辞理而容其说,于是始团结关东诸侯,缔订同盟之约曰:秦攻一国,则五国救之。有不如救者,则五国共伐之。公举秦为从约长,带六国相印,归报于赵。盖尝推其成合从之原因,实适于当时之形势所致。秦自孝公用商鞅,画富强之策,常欲统一关东。而关东诸侯,各自之国力,固不足以当秦,赵韩与秦接境,故常不免削夺之患。其余诸侯,亦无不认定秦强之可惧。当此之时,以巧妙之辩,说合从之利,其有效固不足怪。虽然,六国者,土地各异,从习各殊,岂能永遂其合从之计。且秦见其合从,愈视为眼中之钉,日思破其约。合从成之翼年,秦策士公孙衍欺齐魏而伐赵,赵肃侯责苏秦。秦恐,请使燕,必报齐,遂去赵,而从约皆解。其后十五年,楚赵魏韩燕五国,复合从以伐秦,然反大败。秦乘诸侯

（以下为旁注）
从横之起原

苏秦演合从之说

从约成

从约得成之原因

从约败

合从复成及复败

苏秦张仪之合像

恐怖,频出游士,使说合从之不利,而言连衡之利。衡者横也,东西为横,当时秦在西,六国位于其东,故六国服事于秦,曰连衡。专倡连横之说者,有张仪。仪魏人,苏秦为合从时,激之使入秦,遂为秦之客卿,旋为相。仪伐魏,取蒲阳(山西蒲州府),复以与魏。因说魏襄王曰:秦遇魏甚厚,魏不可以无礼,乃尽入上郡十五县(春秋白狄地,今陕西延安府及鄜州绥德州),以为报酬。仪归为秦相,复伐魏取陕(河南陕州)。既而免相,出相魏,其实为秦。纪元二百三十六年,秦破关东韩赵魏楚燕五国之兵,明年再破韩赵,斩首八万,诸侯震恐。秦因说魏哀王曰:诸侯约从,结为兄弟也。今亲兄弟尚有争财相杀伤者,而欲恃反复之苏秦之余谋,其无成亦明矣。哀王然其言,背从约,遣张仪乞成于秦。仪归,复相秦。时巴蜀相攻,俱告急于秦。秦方有韩寇,仪欲先伐韩。然惠文王用司马错之说,伐蜀取之。因遂取巴,是实取秦之府库也,国益富强。既而欲伐齐,患齐与楚从亲,仪因使楚,欺怀王,使与齐绝,且请献商於之地六百里。怀王信之,陈轸曰:秦之所以重楚者,以其有齐也。今绝齐,则楚孤,秦奚与之地哉? 王不听,闭关绝约于齐。齐湣王怒,与秦合。楚遣使受地于秦,仪见使者曰:地从某至某,广袤六里。怀王闻之大怒,欲攻秦。

张仪相秦

秦取巴蜀

轸复谏,王又不听,大为秦所败,失汉中地(陕西汉中兴安二府)。纪元二百四十三年,秦欲以武关(陕西商州之东)以外之地,易楚黔中地(四川酉阳州、湖北施南、湖南永顺沅州、贵州黎平思南诸府),怀王曰:不愿,愿得张仪而献黔中。仪请行,因楚嬖臣幸姬,以得免死,遂说怀王曰:合从者,无异驱群羊而攻猛虎,且秦之攻楚,患在三月之内,楚待诸侯之救,在半岁之外,恃弱国之保护而贾强秦之祸,窃为大王不取也。王诚听臣,臣请使秦楚长为兄弟之国。怀王已得仪而重出地,乃从之。仪遂之韩,说韩王以不使秦之害,使西拜之。仪归报,惠文封以六邑,号武信君。复使往说齐湣王、赵武灵王、燕昭王以不事秦之害,皆许之,于是六国事秦,是为连衡。然仪还秦,未至而惠文王卒。子悼武素不说仪,诸侯闻之,皆畔衡,复合从。自苏、张倡此学说,士林社会多袭其风,游说四方,而公孙衍、苏代、苏厉、周最、楼缓等最有名。诸侯或时合从而抗秦,或时纳连衡之说而服秦,形势反复不一,然六国君主概为愚暗,终始不能巩固团结,而秦骎骎有并吞之势矣。

张仪演连衡说

连衡成

连衡破

苏张派之继起

六 燕齐报复之运动及乐毅田单之将材

齐宣王伐燕

燕三十余世而至文公,又再传至王哙,专任其相子之,终以国让之。子之南面行事,而哙反为臣,国大乱。齐宣王伐燕,五旬而拔之,醢子之,杀哙。齐因取燕,时孟子(名轲,字子舆)在齐,教宣王谋于燕众而置君,王不听。燕人自立太子平,是为昭王。王吊死问孤,与民同甘苦,誓欲报齐,卑辞厚礼以延揽英雄,为郭隗筑宫而师事之。士争趋燕,乐毅自魏往,王以为亚卿,任以国政,旋为上将军。适齐湣王负强,南败楚,西摧三晋,又灭桀宋,骄焰万丈。燕昭王使毅与秦、楚、三晋合谋以伐齐,败之济西,燕师长驱入临淄,湣王奔莒。燕封毅为昌国君,留徇齐城未下者。楚将淖齿率兵救齐,因为齐相,齿欲与燕分齐地,执湣王杀之。毅整军禁侵掠,礼逸

燕昭王图报齐

民,宽赋敛,除暴令,祀桓公、管仲于郊,齐民喜悦。六月之间,乐毅大败齐
下其七十余城,独莒、即墨不下。齿为莒人所杀,齐亡臣求湣王
子法章而立之,是为襄王。保莒城(江苏海州赣榆县西),即墨
人推田单为将以拒燕。毅留齐五岁,二邑未服。纪元二百七十
五年,燕昭王卒,子惠王立,素不快毅。单乃纵反间曰:毅欲王田单以反
齐,齐人未拊,故且缓攻,以待其事,齐惟惧他将之来,即墨残间弄燕
矣。惠王闻之,使骑劫代将,毅奔赵,将士愤惋。单又纵反间
曰:若燕掘城外冢墓,戮辱先人,则吾惧矣。燕军尽掘墓,烧
死人,城中望见者,莫不涕泣,愤怒十倍,共欲出决死战。单田单大败燕
知士卒可用,以火牛之计,大败燕师,杀骑劫,逐北至河上,七
十余城皆复。乃迎襄王,入临淄,王以单为相,封安平君。

七　赵武灵王之胡服调查及
蔺相如廉颇团结之因果

赵武灵王者,肃侯之子也,欲拓地于北疆,与肥义谋。胡武灵王之
服骑射,以教国民,略地至云中(内蒙古归化城土默特地)、代改军装及
(直隶宣化府蔚州)西及九原(内蒙古乌喇忒地)。传国少子大破外族
何,是为惠文王。使肥义相之,自号主父。北破林胡、楼烦
(北狄二国,山西保德州宁武府及太原府苛岚州等,楼烦故地
也,林胡在其北),欲自云中、九原直南袭秦,不果,攻中山,灭武灵王冒
之。尝诈为使者,入秦,欲以观秦地形及秦王之为人。秦王险入秦
不知,已而怪其状甚伟,非人臣之度,使人逐之。主父行已脱
关矣,秦人大惊。

赵惠文王得楚和氏璧,秦昭王请以十五城易之。惠文欲
不与,畏秦强,欲与之,恐见欺。蔺相如进曰:以城求璧而不
与,曲在我。与之璧而不与我城,则曲在秦。臣愿奉璧而往,
城不入,臣请完璧而归。王遣之献璧,秦王无意偿城,乃绐取相如完璧
璧,使从者怀之,间行归赵,而以身待命于秦。秦王深服其为之手段
人,礼而归之,赵王以为上大夫。纪元二百七十五年,秦赵会

相如之雪
国耻

于渑池（河南府渑池县），相如从，及饮酒，秦王请赵王鼓瑟，赵王鼓之。相如请秦王击缶，秦王不肯，相如曰：五步之内，臣请得以颈血溅大王。左右欲刃之，相如张目叱之，皆靡。秦王乃一击缶，罢酒。秦终不能有加于赵，赵亦盛为之备，秦不敢动。赵王归，以相如为上卿，位廉颇右。

相如爱国
精神谭
蔺廉之团结

廉颇者，赵之良将也，多军功，以相如徒恃口舌位居己上，羞为之下，欲见相如辱之。相如闻之，不肯与会，每朝称病，出而望见，辄引车避匿。其舍人皆以为耻，相如曰：夫以秦王之威，而相如廷叱之，相如虽驽，岂独畏廉将军哉？顾强秦所以不敢加兵于赵者，徒以吾两人在也。今两虎共斗，其势不俱生，吾所以为此者，先国家之急而后私仇也。颇闻之，肉袒负荆，诣门谢罪，遂为刎颈之交，由是赵稍纾秦患。

国史氏曰：蔺相如者，我国历史上一豪侠盖世之爱国儿也，生平以爱国为产业，毫不介意于死生，故单身完璧于虎狼之秦而国权张，横短剑以击缶叱咤秦王而国耻报。至于舍私怨，团结廉将军以共济国难，尤征英雄爱国之苦衷。愿有志国民，铭于座右，以崇拜之。

八　秦国雄飞之英杰及韩赵魏之连年被兵

秦白起之
武略

秦丞相魏冉举白起为将，起善用兵，常败韩魏于伊阙（山名，在河南府城南），斩首二十四万。又伐魏至轵（河南怀庆府济源县），取六十一城。田单复齐之岁，起伐楚取鄢（湖北襄阳府宜城县）、邓（故邓侯国，今河南南阳府邓州）。明年，拔郢，烧夷陵（楚陵墓之地，今湖北宜昌府），楚顷襄王徙都陈（故陈侯国，今河南陈州府）。秦封起为武安君。明年，定巫（四川夔州府）、黔中。

赵奢败秦
于阏与

纪元二百八十四年，秦人伐赵，围阏与（山西辽州和顺县西北），廉颇、乐乘皆曰：道远险狭，难救。赵奢曰：道远险狭，犹两鼠斗于穴中，将勇者胜。惠文王使奢救之，秦师败还，王赐奢号马服君,与廉颇同位。

　　当是时,范睢自魏入秦,见昭王,说曰:远交近攻,为今日无上之计,得寸则王之寸也,得尺则王之尺也。夫韩魏中国之处而天下之枢也,王若统一中原,必亲中国以为天下枢而威楚赵,则齐拊而韩魏可虏矣。王善之,以为客卿,与谋兵事。纪元二百八十九年。睢谓王曰:太后擅行不顾,穰侯魏冉出使不报,华阳君芈戎、泾阳君公子悝,击断无讳,高陵君公子芾进退不请,此危国之兆也。秦王是之,废太后,逐穰侯及华阳、泾阳、高陵三君于关外,以睢为丞相,封应侯。后二年,秦始用睢策,伐魏取怀,又二年,拔魏邢丘。又二年,伐韩,拔九城,取南阳,攻绝大行道。秦范睢之外交政略秦范睢之内治政略

　　纪元二百九十三年,秦武安君伐韩,拔野王(河南怀庆府治)、上党(赤狄故地,今山西潞安府)、潞绝,请降于赵,赵孝成王受之。纪元二百九十五年,秦王龁攻上党,拔之,遂伐赵。廉颇军长平(山西泽州府高平县),坚壁不进,应侯使人为反间曰:秦独畏马服君之子赵括为将耳。赵王使括代颇,蔺相如曰:括徒能读父书,不知变合也。王不听。括少学兵法,自思天下莫敢当,尝与父奢言兵事,奢不能难,然不谓善也。括母问其故,奢曰:兵死地也,而括易言之,赵若将括,必败于敌。及括将行,母上书言括不可使,又不听。秦王闻括为将,乃阴以武安君易王龁。括至军,悉更约束,易置军吏,出兵击秦。武安君佯败走,张二奇兵以劫之。括乘胜追造秦壁,壁坚拒不得入,而秦奇兵遮其后,截其军为二,粮道绝。武安君出轻兵击之,赵战不利,因筑壁坚守,以待救至。赵军绝食四十六日,人相食,急攻秦垒,欲出不得。括自出搏战,秦射杀之,卒四十万人皆降。武安君挟诈,尽坑之,遗其小者二百四十人归赵,前后斩首虏四十五万人,赵人大震。后二年,秦王陵攻邯郸,少利。昭王欲使白起代陵,起曰:秦虽胜于长平,士卒死者过半,国内空远,绝河山而争人国都,取败必矣。辞疾不肯行,乃遣王龁。秦王龁伐赵读父书者不足与谈兵秦白起大破赵师于长平

鲁仲连之
义气

赵孝成王求救于楚，又请于魏。楚使春申君将兵救赵，魏安釐王亦使晋鄙救赵。秦王使谓魏曰：赵旦暮且下，诸侯敢救者，必移兵击之。魏王恐，止晋鄙，留兵壁邺，使新垣衍说赵，欲共尊秦为帝。齐人鲁仲连在邯郸，见衍曰：彼秦者，弃礼义而好干戈之国也，彼即肆然帝天下，则连有蹈东海而死耳。因痛论帝秦之害，衍自是不敢复言帝秦。时魏王弟无忌，深恤赵之危

魏无忌大
破秦军于
邯郸下

难，百计窃虎符，杀晋鄙，将大军救赵，与楚共伐秦。秦军屡却，白起曰：不听吾言，今何如？秦王闻之，怒，废起为士伍。起与应侯有隙，竟赐剑而死。明年，无忌大破秦师，王龁解围走，郑安平以二万人降赵。无忌不敢归魏，使将将其军以还。

纪元三百年，秦王稽坐与诸侯通，弃市。昭王临朝而叹曰：武安君死，而郑安平、王稽皆畔，内无良将，外多敌国。范睢惧。燕辨士蔡泽闻之，西入秦，见睢曰：四时之序，成功者去，商君、吴起、大夫种，何足愿与？说睢以全身名之道。睢

蔡泽相秦

荐泽于王，谢病免相。王以泽为相，数月而辞之，号纲成君。

纪元三百四年，春，昭襄王卒，太子柱立，是为孝文王。

吕不韦相秦

即位三日而卒，子庄襄王楚立，以吕不韦为相国。不韦，阳翟大贾也，庄襄王以昭王庶孙为质于赵，因不韦之助得入立，是以尊宠无比，封以河南十万户，号文信侯。

纪元三百八年，秦使蒙骜破魏，魏王患之，使人请信陵君无忌于赵。信陵畏得罪，不肯还，客毛公、薛公见曰：魏急而公子不恤，一旦秦克大梁，夷先王宗庙，公子何面目立于天下

魏无忌大
破秦军于
河外

乎？语未毕，信陵君色变，趣驾还魏，复为魏将。诸侯闻之，皆遣救，信陵遂率韩赵魏楚燕五国之师，败蒙骜于河外，追至函谷关而还。

九　四公子之侠义及说客之势力

孟尝君

孟尝君名文，齐田婴之子也，倜傥饶智略，常散家资，养客数千，名声闻于天下。四方之士，皆以其好客爱士，争而归

之。至于鸡鸣狗盗之士,亦待以优礼。其门下中最奇伟之男子,曰冯驩。秦昭王闻孟尝君之贤,使请于齐,以为丞相。丞相秦官,犹周太宰也。或谓昭王,孟尝君相秦,必先齐而后秦。王囚之,将杀。孟尝君逃归而相齐,大怨秦,与韩魏共伐之,入函谷关,秦割河东三城以和。秦襄王时,中立而为诸侯,后终于薛。

平原君名胜,赵武灵王之子也,亦养客数千人守,《坚白论》之著者如公孙龙,亦其客也。然奇变特达、超于世者,则毛遂为出色巨子。平原君之求救于楚也,欲择门下文武备具者与俱,得十九人,余无可取者。毛遂自荐,平原与之俱至楚,与楚考烈王言合从之利,半日不决。毛遂按剑历阶而上,曰:从之利害,两言而决耳,今日出而言,日中不决,何也? 王怒叱之,毛遂按剑而前曰:王之所以叱遂者,以楚国之众也。今十步之内,不得恃楚国之众也,王之命悬于遂手。且以楚之强,天下不能当。白起,小竖子耳,一战而举鄢郢,再战而烧夷陵,三战而辱王之先人。此百世之怨,赵之所羞。合从为楚,非为赵也。王曰唯唯,乃与楚王歃血。定从而归,平原君曰:胜不敢复相士。以遂为上客。

信陵君无忌,魏安釐王之弟也,爱贤下士,食客常三千人,其门下著名者为侯嬴。信陵之欲救赵也,手无兵柄,嬴教信陵,祷王幸姬,窃得晋鄙兵符,且荐力士朱亥与俱,谓晋鄙合符而疑,则击杀而夺其军。信陵　如嬴言,得兵以进。信陵又尝欲封鲁仲连,不受,乃以千金为寿。仲连笑曰:所贵于天下事者,为人排难解纷而无所取也,即有取,是商贾之事耳。遂辞而去,终身不复见。

春申君名黄歇,楚人也,尝侍太子完为质于秦。及顷襄王疾病,春申使太子亡归,而自请赐死。秦服其义,礼而遣之。楚以为相,亦好养宾客,与孟尝、平原、信陵齐名。平原使人于春申,使者为玳瑁簪,刀剑之鞘饰以珠玉,欲以夸楚。春申客三千余人,其上客皆蹑珠履见之,使者大惭。

平原君

毛遂之胆略

信陵君

鲁仲连之
气节

春申君

说客之起原　　　　战国竞争之世，惟以得人才为第一要着，故苟有一技一
艺之长，能利于国家者，则不论贵贱，不问亲疏，皆招之为国
家之顾问。诸侯卿相，皆争养士。就中有说士，有剑客，有力
说客之种类　士，其种类虽不少，要皆多志于政治上。盖评论政治之得失，
及其目的　为民间之政谈家也，是故以宾礼优待之，则常收非常之效，否
则煽动民间，或去而益资敌国。故自国君以至公卿大夫，无
不散家财延聘之，藉以裁决政务，及画种种计略，以多致贤能
说客世界　之士为名誉。当时说客势力，轰震天下，随处惟恐其奉养之
不足。彼孟尝、平原、信陵、春申诸君，有贤公子之价值者，皆
以说客之多购之也。其余齐稷下谈、魏文侯、燕昭王、燕太子
丹、秦吕不韦，亦皆以养士为务。其后至秦汉之间，张耳、陈
馀、田横最号多士。

十　周韩赵魏楚燕齐之灭亡及秦之混一

　　　　纪元二百九十九年，周赧王因秦之连攻韩赵魏，大恐，与
诸侯约从，将天下锐师，出伊阙，攻秦，令无得通阳城。秦使
将军樛来攻，西周君武公奔秦，顿首谢罪，尽献其邑三十六，
秦灭周　口三万。秦受其献，归西周君于周。是岁，赧王卒，周亡。周
自威烈王以后，举国紊乱，徒拥虚号，存于强国之间，至是全
亡。自武王克商至此，合八百六十七年，传世三十有七。

　　　　纪元三百八年，秦庄襄王卒，太子政立，后号为始皇帝。
政生十三年矣，国事皆决于文信侯，号称仲父。秦攻伐无已
时，三晋地益削，诸侯患之。纪元三百十四年，楚赵魏韩卫五
秦大败五　国，合从伐秦。楚考烈王为从长，春申君用事，至函谷，秦师
国之师　出，五国皆败走。

　　　　秦王政母，本邯郸舞姬，吕不韦初娶之，有娠，旋献诸庄
襄王，生政。及为太后，时与不韦私通。政既长，太后嬖人嫪
毒作乱而诛，不韦坐免相。王迁太后于雍，齐客茅焦谏，王乃
迎归咸阳。不韦后恐诛，饮鸩死。

纪元三百十八年,秦宗室大臣议曰:诸侯人来仕者,皆为其主游间耳,请一切逐之。于是大索逐客。客卿李斯亦在逐中,行且上书,论其非计。王乃召李斯复其官,除逐客令。斯楚人,尝学于荀卿,有才气,劝王阴遣辩士,游说诸侯,离间其君臣,然后使良将将兵随其后,数年之中,卒兼天下。 李斯之灭国政策

纪元三百二十五年,秦遣内史胜灭韩,虏王安,以其地置颍川郡。 秦灭韩

纪元三百二十六年,秦使王翦伐赵,李牧御之,翦不能胜。先是李牧事孝成王,守北边。时匈奴始强,屡为边患,牧养士习骑射,设奇阵,大破之。匈奴奔走,不敢近赵。纪元三百二十一年,秦使桓齮破赵,斩首十万。幽缪王以牧为大将,战于宜安(直隶正定府藁城县西南),秦师败还。至是秦王翦又不能敌牧,乃行间与赵嬖臣金,使言牧欲反。赵人杀牧。明年,遂灭赵,虏幽缪王。王兄嘉自立为代王。 李牧大斥外族 李牧败秦师于宜安 秦灭赵

纪元三百三十年,秦王贲伐魏,引河沟以灌大梁。三月城坏,魏王请降。秦杀之,而以其地为郡县。 秦灭魏

纪元三百三十一年,秦王翦大破楚军,杀其将项燕。明年,虏楚王负刍,楚亡。 秦灭楚

纪元三百二十八年,燕太子丹因质秦时,秦王政不礼,怒而亡归。遣荆轲刺秦王,不中,王大怒,益发兵伐燕。明年,王翦拔蓟,燕王喜奔辽东(盛京省东境),斩丹以献。至纪元三百三十三年,王贲灭燕,虏王喜,还灭代,虏王嘉,燕亡。 秦灭燕

初齐王建母君王后贤,事秦谨,与诸侯信。且秦连岁攻五国,五国各自救,以故建立四十余岁,不受兵。君王后卒,齐客多受秦金,为反间,不修战备,不助五国攻秦。纪元三百三十四年,王贲入临淄,王建降,迁之于共(河南卫辉府辉县),饿而死,于是诸侯皆亡。惟卫犹存,然至秦二世元年,废君角为庶人。 秦灭齐

国史氏曰:六国所以灭于秦之理由,虽千枝万叶,然其总原因,则以其各国民无爱国心,与六国之无团结力为大觥。惟国民之无爱国心也,故顾金不顾义,自行反

间以残其良将贤臣。齐不用孟子,魏疑吴起、信陵君,燕罢乐毅,赵不信廉颇、李牧,楚黜屈原,韩不听韩非,虽曰由其君之愚暗,然其受秦金之国民之反间力,居十之九焉;惟六国之不知团结力也,故弃苏季子之言,不循环相救,戍重兵于韩魏,以塞其出入驰骋之要道,而互相攻伐,互相残杀。齐魏二国,先被秦诱,背合从之约,以袭赵。楚亦寻为秦欺,与齐相攻。燕齐报复不已。虽如赵有英俊之君,雄世之将,而主义气象不一定,亦同归于沦灭。吁!爱国心、团结力二大原素,其关系于国家,固如斯其重且大哉。

十一　聂政荆轲之义勇

韩相侠累专横无忌,濮阳严仲子恶之。仲子闻聂政尚 **聂政之孝行** 义,且勇力过人,以黄金百镒为政母寿,欲因以报仇。政曰:老母在,政身未敢以轻许人也。及母卒,仲子乃使政刺累。**聂政之壮侠** 累方坐府上,兵卫甚严,政直入杀之。因自皮面抉眼,令人不识。韩人暴其尸于市,购问莫能识。姊荣闻而往哭之,曰是轵深井里聂政也(今济源县,故轵城旁有深井堂,即聂政所 **政姊之义烈** 居),以妾在,故重自刑以绝踪迹。妾奈何畏没身之诛,终没贤弟名,遂死政尸旁。

荆轲,卫人也。燕太子丹闻其勇气盖世,厚礼见之,谓 **燕丹之义侠** 曰:丹诚得天下之勇士使于秦,劫秦王,使悉反诸侯侵地,不可,则因而刺杀之。轲许之。时秦将军樊於期得罪亡在燕,轲请得樊将军首及燕督亢(燕膏腴地,顺天府涿州东南)地图 **樊於期之壮烈** 以献秦。丹不忍杀之。轲私见於期,以意讽之,於期慨然自刎。丹奔往伏哭,遂函其首,置利匕首于图中。装遣轲,使入秦。轲至咸阳,秦王喜,见之。轲奉图进,图穷而匕首见,把王袖揕之,未至身。王惊起,袖绝,轲逐王,王环柱而走。秦法,群臣侍殿上者,不得操尺寸兵。左右以手共搏之,且曰王

负剑。王遂拔以击轲，断其左股。轲引匕首掷王，不中，自知　英雄憾事
事不就，骂曰：事所以不成者，欲生劫之，必得约契以报太子
也。遂体解以徇。

　　国史氏曰：可敬哉聂政，可爱哉荆轲，以勇敢尚义之
精神，叱咤专制君王、宰相于刀下，劈开社会之正气，激
动国民之感情，使生于今日，亦当与俄国虚无党轰名全
球，为国家造文明幸福矣。

十二　社会之自由空气与学派之竞争风潮

　　周之国是，以尚文为宗旨，故设几多无趣之礼仪作法，钳　自由社会
束人民之行为举动。虽然，至于战国，此等空礼虚仪悉隳败，
人民之思想勃勃焕发，言论自由横览社会事物，学术若技艺，
各自挥其思想，无不绰绰有自由之显象。且际会弱肉强食之
气运，惟智是贵，故门阀之弊风荡然扫地。或由匹夫为将相
者，或由贫贱进公侯者，或起自刑余，或出于盗薮，不问亲疏，
不论新旧，苟有奇才异能，虽仇必用，虽奸必荐。加之群雄割
据方隅，各自掌握立法行政之权，故士之求显头角者，甲国不
用，去而奔走乙国，或昨日为逃亡之羁旅，今日为荣誉之宰
相，以左右天下大政。要之战国时代，一洗门阀之弊风，而创
言论思想之自由社会，实我国历史上空前绝后之特象也。

　　自由种子既布，文风秀气，相注射相结构，竟产出学派竞　学派竞争
争之优果。口攻笔战，破出旧学之范围，而独立旗帜。杨朱
唱为我主义，墨翟唱兼爱主义，与儒者相抗。儒分为八，墨离
为三。又有述皇帝之道者，有为神农之言者，列、庄骋虚无之
辨，申、韩衒法术之学，孟轲道性善，荀卿道性恶，宋研、尹文、
邹衍、慎到之属，亦各持之有故，言之成理。兵家、从横家说
权谋，正邪相混，纯驳并陈，然各出卓见，全不蹈袭前人。我
国人智之活动，以此时为极点。吁！处刀剑旁午之际，而粲
然发挥文化之光，亦可谓我国历史上空前绝后之特象也。

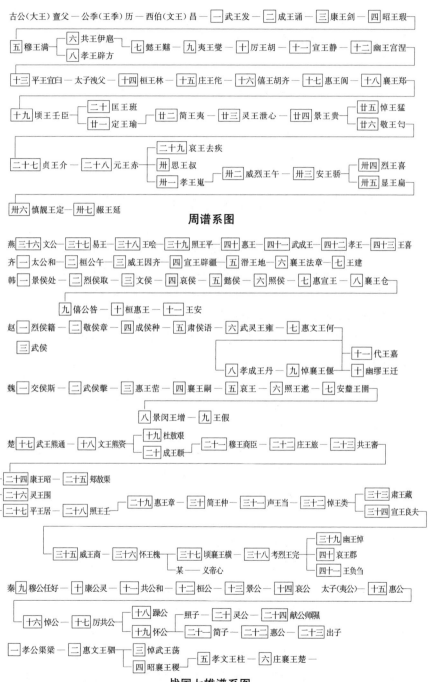

周谱系图

战国七雄谱系图

第六章　上古开化与地理之关系

夏后大禹,生于石纽(四川省茂州汶川县),长于西羌(蜀地),都于安邑(山西省解州夏县),死于会稽(浙江省绍兴府会稽山有禹陵)。尝会诸侯于涂山(安徽省凤阳府),防风氏(其地在浙江湖州府)后至,戮之以徇。其兵力所及,直自鄱阳水域一部,东进而入于浙江。于是威震四方,统一之业大定,汉族强莫与京矣。

自兹而后,一变而为中国开化发达史之期,由夏、商、周至于战国之末,其开化大势,以黄河水域为主动,而扬子江之潜势力,亦渐发达焉。就中分三期,曰休养时代,曰开分时代,曰统合时代。

休养时代 { 休息时代(夏)…………凡四百五十年
养长时代(商)…………凡六百四十年

开分时代 { 开展时代(周初)…………凡七十年
分裂时代(自昭王至春秋初)…………凡三百年

统合时代 { 小统合时代(春秋)…………凡三百五十年
中统合时代(战国)…………凡二百年
大统合时代(秦)…………凡十年

就地理上分配之如下:

休养时代……黄河开化 { 休息时代…………以黄河上流为中点
养长时代…………以黄河下流为中点

```
开分时代……黄河开化……以黄河上流为中点
              ﹉扬子江开化潜势初起
                      ┌小统合时代…………中点移转不定
                      │
统合时代……黄河开化┤中统合时代…………七个中点
                      │                    以黄河上流
                      └大统合时代…………
                                            为中点
              ﹍扬子江开化潜势渐盛
```

夏代开化之地势

启　灭有扈氏(陕西西安府鄠县)

太康　畋於有洛之表(河南),羿拒之于河,遂逃之阳夏(河南陈州府)。

相　徙都商丘(河南归德府商丘县)。

羿　初国于鉏(河南卫辉府滑县),迁穷石(河南府有穷谷),杀帝相自立,诸侯据斟寻(山东青州府)以拒之。

夏旧臣靡逃于有鬲氏(河南开封府密县),奉少康,复夏业。

少康　封庶子垂馀于越(浙江水域之地),是扬子江开化之起点,但其力甚微,后无接续。

桀　囚汤于夏臺(河南省河南府巩县),走于鸣条(山西省解州)。

然则休息时期之夏代,其主动部常在河南附近处,有事迹可考矣。

商代开化之地势

商祖契　母有娀氏(山西蒲州府)之女封于商(陕西商州)。

契孙相士　居商丘(河南归德府),自契至汤,凡八迁。

汤都亳　初南亳(河南宋州谷熟县),迁西亳(河南偃师),汤冢亦在焉。

仲丁　迁都敖(河南开封府)。

河亶甲　迁都相(河南彰德府)。

　　祖乙　迁都耿（山西平阳府吉州），又迁邢（河南河内县），皆以河难屡迁也。

　　盘庚　复归亳（河南偃师县）。

　　武丁　伐鬼方（西戎大国），当时蒙古种渐有南下之势矣。

　　武乙　迁都河北（即朝歌，今河南卫辉府）。

　　由是观之，商代开化，全属于黄河下游流域，盖当时洪水疮痍已复，离休息时代而为养长时代，于是开化之中心点，再渐归于从前所根据之平地矣。

周初开化之地势

　　先代　始姐后稷居周城（陕西乾州武功县）。

　　不窋居北豳（甘肃庆阳府）。

　　公刘自漆沮（陕西甘肃之间）渡渭（陕西），兴于邠州（陕西）。

　　古公亶父止岐山（陕西）之下。

　　勃兴者　文王昌

　　殷纣囚昌于羑里（河南）。

　　虞芮（山西）质成。

　　伐犬戎（湖南）。

　　伐密须（甘肃省平凉府灵台县）。

　　伐黎、伐邘、伐崇（皆陕西西安府鄠县）。

　　徙都丰邑（西安府鄠县北）。

　　《诗》称汉广江永，又言遵彼女坟，当时文王势力，已南及于江汉汝之间，扬子江文明之发达，自是始兴。孔子称三分天下有其二，盖版舆颇广矣。

　　统一者　武王发

　　观兵孟津（河南怀庆府孟县南）。

　　誓于牧野（河南卫辉府），外族之来会者，有庸、蜀、羌、髳、微、卢、彭、濮等国人（传注云：羌在西蜀，髳、微在巴蜀，卢、彭在西北，庸、濮在江汉之南）。

杀纣于朝歌(河南卫辉府)。

肃慎(今满洲)来贡。

都镐京(陕西西安府)。

武王大封诸侯于四方,在河南者八,山东者七,直隶者二,山西、湖南、浙江、江苏各一。续封者,三在河南,一在山西,一在甘肃。

然则周之起原,其权力集于黄河上游。更剖析言之,则根据于渭水水域,及其发达,则奄有黄河水域之全境。而扬子江畔之地,汉人种之势力,亦骎骎繁盛,是盖开辟以来文明传播之力之最大者也。虽然,渭水水域国民,以浩浩荡荡之势,吞纳全国,周人开之,秦人继之,其发迹之地同。而其结果则有大异者,盖周人右文,秦人尚武,方针大不相同,是殆其所养之各异,以人力战胜天然者与。

春秋开化之地势

周之初代,国民既开展分裂,而汉人种之分播于中央各部者,权力亦渐确定,于是日趋统合之势。其第一为小统合时代,即于百六十国之中,鲁、卫、晋、郑、燕、曹、蔡、吴、齐、宋、陈、楚、秦、越等十四大诸侯,同时并立,势力略均,谓之为春秋之世。又于其中有可为大统合之阶梯者,则诸侯独立政治是也。

春秋列强独立地域表

	国	人	时　　代	中心地	水域	今地
第一	齐	桓公	周东迁后九十年	黄河下流地方	黄河	山东省
第二	宋	襄公	齐桓后三十年	黄河中流地方	黄河	河南省
第三	晋	文公	宋襄后二十年	黄河上流地方	黄河	山西省
第四	秦	穆公	晋文后十年	黄河上流地方	黄河	陕甘
第五	楚	庄王	秦穆后三十年	扬子江南地方	汉水洞庭	两湖
第六	吴	夫差	楚庄后八十年	扬子下游地方	扬子	江苏省
第七	越	勾践	吴夫差后三十年	扬子下游东南	浙江	浙江省

综观右表，春秋时代开化中心点，自齐桓起而移于东，自晋文起而移于北，自宋襄起而移于中央，自秦穆起而移于西，自楚庄起而移于南，自吴越起而移于东南。虽然，其权力尚未一定，展转又展转，卒无所归著。及中统合时代来，而其权力停顿之地，始限于七焉。

战国开化之地势

战国之开化线，非常涨进，其势力范围，奄有东亚细亚大半。试以表证于左：

七雄峙立地域表

	国	都	今　　地	国　　境	水　　域
第一	齐	临淄	山东青州	山东省大半	黄河水域
第二	燕	蓟	直隶顺天	直隶省北部	白河水域
第三	楚	郢	湖北荆州	三江浙江两湖	扬子洞庭水域
第四	赵	邯郸	直隶邯郸	直隶及山西之东北	黄河白河水域
第五	韩	阳翟	河南开封	河南省大半	黄河水域
第六	魏	安邑	山西解州	跨河南山西陕西	黄河水域
第七	秦	咸阳	陕西西安	跨陕西甘肃四川	黄河嘉陵江水域

右所表七大国，秦楚各以广大之版图，对峙于西北及东南，燕僻在东北，齐独雄东方，赵韩各拥古来开化最久之地，作镇中央，以此保均势者，凡二百余年。其间燕赵二国，界于北边，时外族蒙古种，势渐鸱张，竭力以遏其南下，燕赵功最高焉。秦欲并天下，先厚势力，于是西取巴蜀，嘉陵江水域之开化，遂合并于中国。惟吴越崛起于春秋末，越并吴后，僻远东南隅，与中原影响不甚相接，故浙江水域之开化，数百年无甚变迁云。

大势既趋于一统，则其不能以小统合中统合而中止明也。故权力渐集于西北部，秦人渐以广漠之版图，虎视天下，于是六国合从摈秦。然人力终不能敌大势,卒有秦之统一,是为大统合时代。自兹以往,所谓中华帝国者,始巍然立于天地间矣。

国史氏曰:我古代汉种开化之伟人,不知历几何艰酸困苦,抛几何头颅骨肉,费几何春秋日月,而始购得此一广漠无垠、丰沃无比之东大陆乐土。故甲由西北亚细亚,冒万险,始觅此震旦大地;乙辟荒芜,任土地以孳殖之;丙修甲练兵,驱逐野蛮种族于山谷(北戎狄、南苗蛮),更联合同种部落,组织国家机关,确定势力范围,大扩张其国势,东征西伐,南略北攻,必战胜异种人而后已。嗟夫!古人之自爱其种,自尊其种,如此千辛万苦,百折不挠。今食古人之赐,瓯脱古人之遗业,而全属于外族之轭下,吾不知有何面目见开创我国、扩张我国之古人于地下矣。

第七章 上古文明史

一 政 治

封建制度

太古时,无所谓天子,亦无所谓诸侯,惟有数多人民,自封建之起源
讨生活于世,渐由优胜劣败之理,人人协心勠力,结一大团
体,强并弱,大吞小,卒乃至强大者,愈益强大,而为封建之
基。此社会进化之通则也。

此社会组织既备,于是统御政治不得不出,有首领,有从封制之创成
民,共努力而定成若封建若郡县若共和之制度。通观世界,
莫不起点于封建,而后变化各种政治者也。

中国封建制度,虽由黄帝发明,然至夏商而始成立。夏夏商之封建
禹建一统王室,开世袭政治之基。商汤时,诸侯归者三千,皆
确握天子之重权,以压诸侯。

周公鉴前代之制,分天下诸侯为公侯伯子男五等。公侯
之封,地方百里,为大国。伯之封,地方七十里,为中国。子周代之封建
男之封,地方五十里,为小国。其封地不满五十里者,称附
庸。又分天下为九州,其中央一州,方千里,为王畿。余八州
以封诸侯,每州置大国三十,中国六十,小国百二十,凡二百
十国。而王畿之内,天子以封其直臣,有大国九,中国二十
一,小国六十三,凡九十三国。故周初,天下诸侯之数,都千
七百七十三国云。而其八州更各置伯,使制驭州内诸侯,天
下凡八伯。八伯率其配下诸侯,分隶于周公、召公,使保中央

政府与地方诸侯之连络。又军数,大国三军,中国二军,小国一军。

		领主			封名	封域	爵等	兵数
天下	九州	一州	天子		王畿	方千里		六军
		八州伯	周公召公	诸侯	大国中国小国附庸	方百里方七十里方五十里方五十里弱	公侯伯子男	三军二军一军

春秋之封建变迁　虽然,至于春秋,攘夺吞并之事行,诸侯之数渐少,世袭之风渐颓。或子爵而僭王,或侯爵而地逾千里,或置六卿,或设六军,其守封建之制度者无几矣。

战国之封建破坏　降至战国,一灭人国,直郡县之,封其将士而直辖于国王,是故封建之气势,与国之亡灭,俱为消失。世袭之习俗,与豪杰之起,俱为衰颓。此消失、衰颓之原因,即一统政治之所由成立也。

地方制度

地方制度者,成于禹时。禹平水土,分疆内为九州五服。地方自治制度　九州曰冀、兖、青、徐、扬、豫、荆、梁、雍,五服曰甸、侯、绥、要、荒。而五服之区别,先以都府为中心,其中心方五百里以内

帝王巡狩之图

为甸服，甸服外方五百里以内为侯服。侯服之外，绥、要、荒三服，亦如斯次第核算。其甸服，则天子直辖。侯、绥为诸侯封地。要、荒二服，乃民间自治之所，不施钳制之法，所谓自由制度也。

专制世之巡狩朝觐

巡狩朝觐之专制证据

巡狩始自唐虞，盖当时内政略整理，更汲汲于外事，乃施专制手段以压服诸侯。天子每五岁一巡狩，诸侯每岁一朝觐。经夏商至周，定为天子十二年一巡狩，诸侯三岁一朝觐。其巡狩案内要件，今举之于左：

一，天子所经过地方，必献种种方物。

二，集诸侯于方岳之下，询政事之得失，考人民之风俗。

三，途遇百岁若八十、九十之老人，必赐物为寿。

四，取脍炙于民间之诗歌，使合奏音乐，以究其风土人情。

官制

夏时置三公九卿，二十七大夫，八十一元士。商代设二相（左相右相）、五官（司徒、司马、司空、司寇、司士）、六府（司土、司木、司水、司草、司器、司货）、六工（土工、石工、金工、木工、兽工、草工）等官。

夏商官制

顾问官		三公　三孤			
		官	长	职掌	兼任
行政官	六官	天官 地官 春官 夏官 秋官 冬官	大冢宰 大司徒 大宗伯 大司马 大司寇 大司空	总理万端政治 一切教育 祭祀及礼乐 兵马出征事务 诉讼审判 土木百工	宫内事务 农商事务 警察事务

周代官制

大政治家周公，创定周代官制。中央政府，设天、地、春、夏、秋、冬六官，以治国家人民。六官之属，各有六十，总员凡三百六十官。天官冢宰掌邦治，地官司徒掌邦教，春官宗伯掌邦礼，夏官司马掌邦政，秋官司寇掌邦禁，冬官司空掌邦土。六官之上,又有三公(太师、太傅、太保)、三孤(少师、少傅、少保),不直接与朝政,共为天子之顾问官。天子凡有三公九卿、二十七大夫、八十一元士,诸侯之制亦大同小异。至于地方官制,二十五家为闾,有闾胥,百家为旅,有旅师,五百家为党,有党正,二千五百家为州,有州长,万二千五百家为乡,有乡大夫,皆大小相统属,以奉中央政府之约束。盖周代混上下相和,君民同治之政体,下有州老、乡老,参州长、乡大夫之政,上有外朝询民,决政事于舆论。

周代地方官制

法制

夏作禹刑,商汤制官刑,其书不可考。至于周代,朝廷设大司寇、小司冠以掌刑法,于唐虞五刑之外,增流刑、朴刑、髡刑、梏刑、焚刑、辜杀等。春秋战国之交,又有族诛、车裂、体解、凿颠、抽肋、金腾、罐烹、鬼薪、城旦等酷刑。其裁判法,轻罪决于犯罪地,重罪必由大司寇听断之。裁决既毕,乃始处刑。其时更向群臣、群吏、庶民,审问其罪,曰三刺。又由不识、过失、遗忘而犯者,轻减其罪,曰三宥。其他幼弱老耄蠢愚癫狂等,皆不问其罪,曰三赦。凡犯罪者,照以上酌量减刑,犹有余罪者,天子乃诏有司处刑。虽然,妇人及王族若有爵犯罪者,公然不治其罪。决犯罪之死刑者为士师,受其宣告书,择日行刑。

夏商法制

周代法制

学制

夏太学曰东序,小学曰西序,乡学曰校。商太学曰右学,小学曰左学,乡学曰序,为习射养老,或学文艺之所。

夏商学制

周代社会一切事物,皆发达进于完美之域,而学制尤著,今分为二:

一,学校之制。二十五家为里,里有塾,五百家为党,党有庠,二千五百家为州,州有序,皆小学之制度也,称乡学,凡七年卒业,自八岁至十四岁。次在国都者,即太学而称国学。分东西南北四太学,其中最上者南学,称辟雍,总辖他三太学,为天子行礼式之所,凡出征受赈献馘大事,必于此行之。诸侯之国,

周学校之制

则设中学校,称泮宫,凡六年卒业,自十五岁至二十岁。

二,教育之制。凡分二种:甲高等教育,即行于国学者; 乙普通教育,即行于乡学者。普通之目的,在明人伦,亲百 姓,人人必学。其教育方法,曰六德(智、仁、圣、义、忠、和), 六行(孝、友、睦、姻、任、恤),六艺(礼、乐、射、御、书、数)。教 成,乡大夫选其贤能而宾兴之。若有时不从其教者,则以八 刑(不孝、不睦、不弟、不姻、不任、不恤、造言、乱民)纠之。高 等之目的,如《王制》云:乐正崇四术,立四教,顺先王诗、书、 礼、乐以造士。诗、书、礼、乐,其教科目之骨子也。可入太学 者,天子之大夫以下,公卿大夫士之嫡子,及庶民之俊秀等, 然必先卒小学业而后能入。太学修业年期限九年,每年小 试,三年大试。九年卒业,始得上仕途。若不从教者,有惩戒 远谪等之罚。又学生一切费用,皆由国家给与,学生惟专修 学业而已。

周代教育 之制

贡举

贡举之法,自周始行。凡诸侯选举其地之俊秀,曰选士, 免地方夫役。又选士之俊秀,许入太学,是称俊士,免征兵及 祭祀等役。俊士既入太学,全免诸役,是称造士。造士既卒 业太学全课,则称进士,然后各由其所长而入官。其初姑试 补而后移于本官,爵任俸禄亦颇丰,是时年凡四十岁。

周之贡举

兵制

夏商兵制,虽无可考,然至于周,征集之方法,军队之组 织,整然备具。当时国民,皆无不有服役之义务。其征集兵 士法,因当时临战场,必用车马,故先以课车于民为第一着。 以六十四井为一甸,每甸出戎马四匹,兵车一乘,牛十三头, 甲士三人,步卒七十二人,杂兵二十五人,总计百人。天子境 内方千里,其间除山川宅地外,提封百万井,定出六十四万 井,戎马四万匹,兵车万乘,故称天子曰万乘。

举国皆服 军役
兵士募集

其编立军队之法,从井田之区分,一家出一人,由一乡一 遂,征集万二千五百人为一军。天子将六军,公侯将三军,伯

军队组织

上古兵器一（车马）

将二军，子男将一军。细述其组织，则五人为伍，五伍为两，四两为卒，五卒为旅，五旅为师，五师为军。

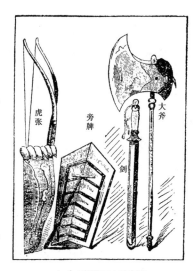

上古兵器二（斧钺）

服役期限

操演时限

兵器种类

其服役之期限，自二十岁至六十岁。王畿之民，半岁而更替，大抵一生中，不过就一役。诸侯之民，一岁而更替，一生中不过就两三役。其间归农而有事之时，应征发而已。盖周代之兵制，基于井田之法而组织之者也。春秋而后，此制全属破坏。

其操演之制，四季为小训练，三年行大演习。但周以兵事为不吉，故托狩猎之名而行之，春曰蒐，夏曰苗，秋曰狝，冬曰狩。

当时之兵器，利用戎车，以供驰突，夏称钩车，商曰寅车，周则名元戎。春秋之际，鲁有公输般者，机智而富于创造之才，作云梯，以供攻城之用。至于铜制军械，及皮制甲胄，亦大发达云。

币制

夏商之币，金为三品，或黄或白或赤或钱或布或刀或龟贝。禹治洪水，取金历山，作货币，曰安邑二货金。其后有汤有七年旱魃，采金庄山，铸币。至周初，太公望始设九府圜法，黄金方寸重一金，钱圜函方，轻重以铢。周景王时，铸铜货，径一寸，重十二铢。其面大泉五十字，肉好皆有周郭。战国之世，韩国铸造宅阳布。

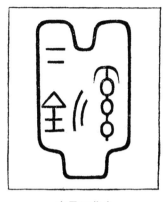

安邑二货金

币制

税制

禹治洪水，始界天下土地，定田制，每家授田地五十亩，使以其五亩所得，纳于朝廷，名曰贡法。殷之时用井田，法以六百三十亩为一井，九分之，其八分授八家，使私其所得。中央七十亩为公田，八家共耕作之，以其所得，纳于朝廷，为租税，名曰助法。至周时，其近于帝都，人家稠密之所，用夏贡法，远于帝都，人家稀少之所，用商助法，名曰彻法。彻者通也，盖通用夏殷二代田制也。其公田之税，供宗庙之祭祀，天子之衣食，并官吏之俸给。私田之赋，充军用车马之费，此所谓粟米之征也。

又周有布缕之征，使每家纳绢布若干；有力役之征，一年间使役百姓，凡三日。此三者，后世租庸调之滥觞也。

税制

布缕力役之征

农制

上古之世，土地皆归政府所管，人民毫无私有之权。夏一人授田五十亩，政府取其十一为税。商八人授田六百三十亩，政府取其九分之一为税。周八人授田九百亩，政府亦取

农制

其九分之一为税。男子二十岁而受,六十岁还之。既奉还者,其后十年,受家旅之给养而求生活。至七十岁以上,更仰政府之扶助。次男称余夫,使受二十五亩之田,如斯田地悉为官有物,故毫不得卖买,亦不能转居。是故无贫富之差等,安稳营其生计,且备荒储蓄之制甚全,每年以收获之半备荒,以一半养自己及工商。当时兵农一途,无士农之区别,自管仲助桓公立士农之制,生士尊农卑之风,其后商鞅又助秦破井田,各国争效之,上古田制遂至于废绝。

工制

工制

　　夏商有六工之官,周有三十工之官。三十官者,即攻木之官七、攻金之官六、攻皮之官五、设色之官五、刮摩之官五、抟埴之官二是也。当时朝廷设职工场于京师,每年期三月,搜收制作物之材料,征以上诸工于民间,置工师而监督之,十月罢业,由其制作物之良否,而行赏罚。然此专为天下制作所使用器械诸道具也。至于民间之工艺,虽不能判然知其制度,亦必有一种工制,受政府之多少干涉矣。

商制

商制

　　夏殷商盛而无制,周始设市长之官,由商人教育以至百般事务,一切使掌之。市长之下有贾师,捡查商品之良否,或定物价之标准。卖品有种种限制,祭器、兵具、圭璋之类,严禁贩卖。其他制作之粗糙者,与长短大小失其度者,及时谷禽兽鱼鳖等类,亦无卖权。其开市场,有一定之时限,分朝夕昃三次。朝市,商人与商人交易。夕市,庄家与贩卖人交易。至于昃市,遍许庶民卖买。各冲要地,皆设有关,出入货物,均须课税,故行商大抵止于其领内。若有商品不适于时好者,由政府以相当之代价购求之,待有需用,然后贩卖,而返其利于所有者。

东西洋政治得失之比较

东洋政治

　　东洋(即指中国)之政治,因凑合的而组织社会者也。社会之人民,惟知奉体天子之命令,虽有一致连合之得,而人人不能各为活泼运动,所失甚于所得。是故中国上古,虽云盛

世,然国民皆制御于天子之专权,不得伸张其手足,故民间发 西洋政治
达进化之事业,寥寥无闻焉;西洋各国则大不然,由分析的而
组织其社会。凡国民莫不有其与生俱来之权力,各为活泼运
动,以进化于文明,此其结果之所以异也与。

二　学　术

夏商周文学之气象

我国学术胚胎于太古(黄帝之功居多),至夏商周颇能淬 夏商周之
厉其所固有者,而继长增高焉。大禹以治洪水之故,纵横九 学术
州,经验自广,交通自繁,于是政治思想、哲学思想皆渐发生。
《禹贡》之制度,《洪范》之理想,均四千年闳博精深之巨籍。
商虽无光大之名誉,然至周学风又动,洪涛骤涨,周公兼三
王,作官礼,文王系《易》,而《诗》、《书》亦烂然大完。

至于文章,夏有《二典》,记尧舜之政治,《皋陶谟》叙舜禹 夏商周之
戒皋陶之言,《禹贡》述禹之成功,《甘誓》录启征有扈之军令。 文章
此四篇者,《典》、《谟》叙事浑厚,《誓》、《贡》简劲,而其妙存于
一字一句之中。其次《商书》五篇,文辞简古,气格极高。至
周勃兴,稍变文体,然气味虽不同,而著述宏富,证诸实用,则
非夏商所能望其项背矣。

当时诗歌,亦有足纪者。盖太平既久,风雅之心自多。夏 夏商周之
商风雅,多显于诗歌之上,或三言,或四言,任其自由。降至周, 诗歌
始教诗。又有行人之官,募诗四方,诗风靡然而起。其诗多四
言五言,能述情写景,天真烂熳,实如可掬,观《诗经》可知矣。

春秋战国学界大观

(甲) 哲学派

儒家

始祖曰孔子,生长于鲁,北干之大宗也。博学有才艺,尝 孔子为北

千之大宗
孔子之历史

仕鲁为委吏，又为乘田，旋避鲁乱适齐。齐景公欲待以卿，不果。反鲁，以《诗》、《书》、《礼》、《乐》教弟子，四方来学者弥众，仰为师表。后官鲁司寇，定公不能用。孔子周游列国，所至不遇，六十八岁归鲁，独行其道。序《书》上自唐虞，下至秦穆，删古《诗》三千为三百五篇，由是述《礼》、《乐》。晚好《易》，序《彖》、《象》、《系辞》、《说卦》、《文言》。又因鲁史记作《春秋》，自隐至哀，绝笔获麟，以纪元七十三年卒。

孔子说道之图

孔子之教育
及其势力

孔子诲人不倦，弟子三千余人，身通六艺者，七十二人。颜渊、闵损、仲由、冉求、端木赐、曾参最贤，然其后惟曾参继其统。孔子生鲤早死。鲤生伋，字子思，名显诸侯。历代帝王，皆奉孔子为师，盖以正大势力助社会发达，而为数千年文明之精神命脉，故至今血食不绝焉。

孔子之学
术思想

孔学范围颇广，包含政治、道德、音乐、哲理、历史诸学，其主眼自中国固有之性情习惯，讲道德，定礼仪，明法度，图治安，重保守，畏天命，由一身一家之务，推及于一国政治。而发表其主义，说明其原理者，曰《易》、《书》、《诗》、《礼》、《乐》、《春秋》六经，然《乐经》失其传。就中惟《易》研究宇宙玄妙之奥理，悟觉事物迁移、自然之数，含蓄最高尚议论，儒学之元素，大率皆由是出，盖纯正哲学也。日本人评其人品，谓与欧洲大哲学家希腊之梭格拉底、德意志之康德相伯仲云。

孔子之后，有孟轲、荀卿，益扩张儒学主义。孟子发挥仁义道德之说，议论雄快，其文辞亦冠绝当世，而经国济民之要，尽于《孟子》一书。荀子学博识高，虽祖孔子，决不雷同附和，排斥诸子，极快骂，论理最详。孟、荀均痛击杨、墨，然论性则大相反。孟子主张性善，荀子主张性恶，争辩不已。荀子遂诋子思、孟子，著书三十二篇。 荀孟祖述孔子

道家

始祖曰老子，姓李，名耳，字聃，楚人，南干之大宗也。与孔子同时，仕周，为藏书室吏。见周衰而去，著书五千余言，名曰《道德经》。其文高古，其说以虚无为根据，谓道本于自然，无为而化。仁义者，道之废也。礼乐者，德之薄也。虚静无为，是曰元德。故道可道，非常道，名可名，非常名，无名天地之始，有名万物之母。故常无欲以观其妙，常有欲以观其徼。盖老子之精神，在探天演无形之元理，穷思想于世界外之世界，齐万物，平人群阶级，率本性，贵谦弱，与斯毕洛塞氏之本质论、 老子为南干之大宗

老子之主义

老子之精神及与西哲之类似

老子肖像

毕达哥拉氏之绝对论、斯宾塞氏之不可知的论稍稍相类，盖一种之绝对哲学也。

老子学派，与儒学全带反对性质。儒学畏天命，道学则任天；儒学贵实用，道学则贵理论；儒学主力行，道学则主为；儒学长政法，道学则精哲理；儒学重阶级，道学则重平等；儒学讲世间，道学则讲世外；儒学喜保守，道学则喜破坏；儒 道学与儒学之反对

学重经验，道学则重创造；儒学好排外，道学则好无我。是故儒学平庸而易知，故适于实用；道学简奥而难解，故艰于成功。此儒道盛衰之总原也。

庄列祖述老子　老子而后，有庄周、列御寇相继而起，伸张道学。而庄尤多特识，著书十余万言。齐死生，同彼我，其全体虽本于怀疑派主义，而其说万物之元理，精微深奥，似毕达哥拉士派哲学，如《逍遥篇》、《齐物论》、《人间世》，真纯正哲学也。其后汉曹参唱此说，不容于世。及方士之徒作，争言长生飞仙之术，推老为教祖，号太上老君，诚可惜也。

墨家

墨子为中干之大宗　始祖曰墨子，姓墨，名翟，宋之大夫，中干之大宗也。其说以兼爱为主义，倡平等，讲大同，嫌世之侈靡，尚俭约节用，论声乐

墨子之学说墨子之精神　之弊，辨厚葬久丧之害。又信鬼神之赏罚，而非天命前定之说，称禹之形劳，泛爱博施，不避穷苦。虽摩顶放踵，利天下为之，

墨子肖像

墨子为虚无党之远祖　盖其精神在牺牲其身，为国民造一切幸福，今日虚无党之远祖也。二千年前，有此高尚雄大思想，其哲学价值，当推世界第一。

墨子教育之结果　墨子之徒甚众，生不歌，死不服，衣褐穿跷，奔走四方。楚之攻宋，墨子之徒，赴其难而死者七十二人。盖墨子务实际，重力行，其徒恶公敌，徇侠义之风，皆墨子之教育所结构

禽邓祖述墨子　所感化也。其后有禽滑釐、邓陵子者，崇其主义，传播于世。

墨子不仅发明兼爱派之大哲理也，又开理化学之法门。均发，均县轻重而发绝，发不均也。均也，其绝也莫绝（注：以

墨子精理学　百物体质之轻重相较，分别品类之异同），重学之理也。临鉴立景，二光夹一光，足被下光，故成景于上，首被上光，故成景

于下,鉴者近中则所鉴大,远中则所鉴小,光学之理也。一少于二而多于五,说在重非半弗剒,倍二尺余尺去其一,圜一中同长,方柱隅四维,圆规写支,方柱见股,重其前,弦其股,法意规圆三,算学之理也。

化若蛙为鹑(注:动物之化)。五合水土火,火离然火铄金火多也。金靡炭金多也。合之腐水木离木(注:金石草木之化),同重体合类,异二体不合不类,此化学之大概也。 墨子明化学

墨子又有《备攻》、《备突》、《备梯》等篇,《韩非子》、《吕氏春秋》备言墨翟之技,削鸢能飞,岂非机器攻战之所自来乎。 墨子谙机器学

杨家

杨朱所创,其说以为我与纵乐为主义,逸身乐生,不要名利,从性而游,不逆万物。损一毛而利天下,不为也。悉天下奉一身,不取也。以谓人人不损一毛,不利天下,天下治矣。此盖权利竞争之达于极点者也。其学中绝,惟纵乐主义,颇影响于后世。 杨朱之哲学

法家

李悝所倡,申不害、商鞅传之。及识见超绝古今之韩非出,而青青于蓝,冰寒于水。李席竟为韩夺,尝曰:商君为法而无术,申子有术而法不一。法者官之所师,术者主之所执,此不可一无,皆帝王之具也。韩子不恃鬼神,不信卜筮星占,学问斡旋古今,自成一家。其说斩新奇拔,适于时势,文章亦极其精刻,作《孤愤》、《五蠹》、《说林》、《说难》十余万言,笔力峭深,往往惊人,其后萧何等私淑之。 韩非之哲学

名家

发源于公孙龙、惠施、邓析等,为坚白异同之辨,今之所谓论理学也。何者?凡论事物,必先立名目(论理家之所谓命题)以为主眼,而后驳难以定是非,其学不传。 公孙、惠、邓之哲学

阴阳家

邹衍所发明。衍齐人,呼吸海洋空气,思想自有雄大不可思议之观。《史记》称衍尝深观阴阳消息,而作《终始》、《大 邹衍之哲学

圣》之篇十余万言,其语闳大不经,必先验小物,推而大之,至于无垠。先序今以上至黄帝,学者所共术,并世盛衰,因载其襪祥度制,推而远之,至天地未生,窈冥不可考而原也。先列中国名山大川,通谷禽兽,水土所殖,物类所珍,因而推之,及海外人之所不能睹。称引天地剖判以来,五德转移,治各有宜,而符应若兹。以为儒者所谓中国者,于天下乃八十八分之一耳。中国名曰赤县神州,赤县神州内,自有九州,禹之序九州是也,不得为州数。中国外如赤县神州者九,乃所谓九州也。如是有裨海环之,如此者九,乃有大瀛海环其外焉。盖与印度富兰那神话,所谓阎浮洲中分九界,有盐海环之,其外又有锡海环之者相似。其哲理之微妙,虽近世哲学大家,亦当让一步也。其后邹奭等宗之。

农家

许行之哲学　　肇祖于许行,称述神农之言,尝云所谓圣君贤主者,平时必与民并耕于田野,自为饮食,自供饔飧,以治民事,为天下任其劳。此盖今日欧洲社会主义之源泉也。当时人民阶级之风最甚,许行乃特创学派,欲使方圆颐趾之辈,上自王公大臣,下至马庸沽保,共尽力于人人之公产之利益,以组织一平等社会。其脑力之过人,亦可惊矣。惜其学说,除孟子而外,无有流传之者,其时有陈相、陈辛之徒祖述之。

春秋战国哲学家源流表

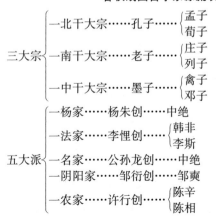

（乙）科学派

兵法学

春秋战国之世，中原皆为修罗场，故时势造英雄，黄石公、孙武、司马穰苴、吴起、孙膑等大陆军家，接踵而出。就中孙武子尤夐绝古今，其所著兵法十三篇，形质精神，完全无缺，虽东西洋名将，不能出其范围焉。

兵法学

孙武之大军事家

医学

当时医学有内科、外科之专门，内科称疾医，外科称疡医。又置巫马之职，治疗牛羊。其最著名之家曰扁鹊，熟精全体之学，能具见五藏症结，又明解剖之学，能割皮、解肌、诀脉、结筋、搦髓脑、撲荒爪幕、湔涤肠胃。

医学

扁鹊发明解剖全体等学

经济学

经济学者，即所谓平准学、生计学也。其目的在通货积财，给民富国。计然曾为此学之代表人，有善策七。范蠡用其五于越国而独立以执诸侯牛耳，其后乃施诸家，三致千金焉。白圭善观时变，尝自言吾之治生也，犹伊尹、吕尚之谋，孙吴用兵，商鞅行法，是故其智不足与权变，勇不足以决断，仁不能以取予，强不能有所守，虽欲学吾术，终不告之矣。是故深通平准学，技而进乎道者也。

经济学

电气学

今世界所轰名之电气学，我国古时已发明。《亢仓子》曰：蜕地谓之水，蜕水谓之气。《关尹子》曰：石击石生光，雷电缘气而生，可以为之。《淮南子》曰：黄埃、青曾、赤丹、白矾、玄砥，历岁生澒（水银）。其泉之埃上为云，阴阳相薄，雷激扬为电。上者就下，流水就通而入于海。炼土生木，炼木生火，炼火生云，炼云生水，炼水反土。

电气学

（丙）杂学派

纵横学

纵横学者，胚胎于周时行人之官。此学之性质最复杂，

纵横学

方向主义不一定,唯主捭阖之术,用纵横之机,以权谋术数,弥纵列国之交涉,为一种之政治学。而熟达当时统计学、地理学,以周知列国之形势,始倡此学者曰鬼谷子。其门弟中之翘楚曰苏秦、张仪,尝左右战国,愚弄诸侯于掌中。其他苏代、苏厉、犀首、陈轸、周最、楼缓之徒,亦争鸣于世。其后汉楚分争之际,以此学著名者,曰陆贾、随何、郦食其等。及汉统一后狡兔死,走狗烹,此学遂至于绝灭。

历史学

历史学　　　历史学之内容,复杂一切有形无形之学术者也。当时《左传》、《国语》、《战国策》最有声价。《左传》于春秋二百四十年之形势,历历可观。《国语》记春秋列国之言说,与左氏相表里。《国策》最录战国人物之策谋。其余楚铎椒著《铎氏春秋》、赵虞卿著《虞氏春秋》,皆足以为史学思想萌芽之征。

东西洋学术方针之比较

东洋主凑合　　中国研究无形之真理,久已发明,其学术方针,即一种东洋特有之凑合的法则,与西洋所行之分析的相反对者也。故西洋主分析　中国教育所主,以普通智识为第一义,即修道德伦理学是也。西洋教育所主,凡人从事于专门学科,即明理学、政治学、法律学等是也。

东西洋学术得失之比较

东洋失于　　凡幼稚时代之学术,必有缺点,东洋以凑合的为主义,虽无专门　能浑然合同,而未免有判然分明之失。盖人人研磨通常智识,不能各自上达也。西洋以分析的为主义,判然分明固矣,西洋失于　然不浑然合同,所得不偿所失焉。盖人人攻一部专门学科,无普通　一部以外,不复知有何物也。

春秋战国学术发达之种种原因

第一原因　　原因之第一分子,曰周制破坏。周初制度典章,极为严密。至春秋战国,社会变动,达于极点,于是自黄帝以来数千年所蕴蓄之脑力,突然触发,破阀阅之阶级,而贵族士官所垄断之学问,分润于民间。思想自由、言论自由,有卓识高见者,辄着着施救世之策,是亦势之所当然者也。

原因之第二分子,曰学者极困难。周制虽破坏,士林社会,犹崇尚旧风,常有富贤圣之德,而驰回东西南北,终不能展其骥足者,乃慨然以木铎天下自任,从事于言论笔辨,以增文明之新思潮。第二原因

原因之第三分子,曰学生之见重用。凡竞争扰攘之世,以御外侮扩国界为第一义,故有奇才雄略、能致富强者,不问本国与他国,诸侯争卑辞厚礼以聘之。且当时布衣卿相,风靡一世,有远大之志者,莫不攻究新奇学问,以待时机之至。第三原因

原因之第四分子,曰学生之互竞争轧轹。当时社会,为学生竞争之舞台,各树宗旨,各张门户,故皆有倾倒一世之思想,而其制胜之方法,则以光大其学说为要义。第四原因

原因之第五分子,曰各国交换智识。列国并立,交涉自繁,或由国际,或由游历,或由军事,或由服贾,要之皆可吸饮其国之种种文物,输于本国,而参补调剂,以生一种新文明。第五原因

原因之第六分子,曰文字之改良。文字为发达学术之大要点,中国古籀,衍形不衍音,最不便利。及至战国,各随其土音之便,创造文字,由是书籍渐多于世。第六原因

儒家为学界进步之大障

春秋战国学术之发达,所以呈光焰万丈之特象者,由九流百家,各树一职,争阐发其理想,伸明其主义,以贡文明丁社会也。然儒家嫉才之心大甚,尝欲抹煞一切学界,使惟我独尊,如孔子以大圣而恃强权,戮少正卯,加无理之罪名。束缚人之思想自由、言论自由,为文明之公敌。孟子不及杨墨,如班之于马,而挟褊狭意气,妄骂人以无父无君之大罪,诚所谓跖犬吠尧也。荀子亦染此恶癖,著《非十二子》篇,动斥人为贱儒,指其无廉耻而嗜饮食,此皆儒家之污点也。虽然,此不过伤一人之公德已耳。厥后民贼迭兴,心醉儒学,严等差,贵秩序,与君言专制,与民言服从,遂特尊之。瓯脱一切学术,使我国以无数平行线进化之学界,竟变为螺线之进化,而儒家大阻学界之进步

于是社会之黑暗怪状现矣。

东西洋学派反对之重点及其优劣之比较

东西洋学派之反对

东洋重实际（不出日用界范围）	西洋重论理（凡出问题必待人之赞成）
东洋主诋击（党同伐异不论是非）	西洋主抗辩（甲乙对抗折衷于丙）
东洋争门户（主奴之见最深）	西洋争公理（依论理持公心以相辨难）
东洋崇空道（阴阳五行之说怪诞支离）	西洋精物理（格致科学均大发达）
东洋善尊古（祖述宪章至圣之立脚点）	西洋善独创（务发前人所未发）
东洋贵守师法（不敢稍越先生之范围）	西洋贵推师学（师弟尝相异同）

东西洋学派之优劣

由斯以观，则春秋战国之学术，劣于西洋希腊之学术明矣。虽然，我国亦有数事足自豪者，哲学诸家，皆以组织完备国家及平定天下为主义，二千年前，有此雄大思想，诚世界之独步也。

数学

数学

周代颇进步，发明开方及三角术等法，其最有名之《周髀算经》及《九章算经》等，至今为数学家之宝筏焉。

天文学

天文学

周时讲天文者，有二说：一主天动，一主地动。天动说又分二派：一为周髀说，二为浑天说。据浑天说云，天之形状似鸟卵，地在其中，犹卵黄，天包地外，犹卵白，而太阳昼运行地上，夜运行地下。又推测星宿运行之术颇发达，分星辰，定其等格，北极五星系天文之枢要星，居第一等，七星次之，二十八宿又次之。观天候，卜吉凶，甚者谓某宿为某国之分野，亦可谓猛于思想力者矣。其他区划时刻之法，及立标而知日之迟速等，亦发明于此时。

历法学

上古历法，与太古少异。夏以建寅之月为正月，商以建丑之月为正月，周以建子之月为正月，皆以十二支配附天体，分其方位，其法先自正北而至于东南西。又以干支记日数。今对照上古之正朔，周之正月，当夏之十一月，商之正月，当夏之十二月，夏之正月，即今太阴历之正月也。

地动说之证典

《大戴礼》曾子曰：如诚天圆而地方，则是四角之不掩也。《周髀》注：地旁陀四隤，形如覆槃。《素问》：地在天之中，大气举之。《春秋元命苞》：地右转以迎天。《河图》：括地象，地右动，起于毕。

阴阳五行之僻说

中国学术发达之所以迟缓者，阴阳五行之僻论，亦为最大之原因。其说起于太古，深浸于人脑中，儒、墨、道、法、兵、医诸家，皆不能脱其范围。以为天地有二元气，为造化之两极，谓之阴阳。天阳而地阴，日阳而月阴，昼夜寒暑，死生动静，无非阴阳，于人为男女，于禽兽为雌雄牝牡，于位为君臣上下，于德为刚柔，万物皆由二气而成。卜筮者，敷衍此理者也。至汉儒益敷衍之，举天地变异灾祥，皆分其类，而归之于五行之力，乃以人事之吉凶，而曲为之配。故中国事物，多以五成者，盖由其强配五行也。今述五行配当图于左：

行	臭	味	声	色	事	德	征	岳	脏	常	虫	数	方	时	祀	星	天帝	人帝	官神
木	膻	酸	角	青	视	明	燠	泰	脾	仁	鳞	八	东	春	户	岁星	青帝	太昊	勾芒
火	焦	苦	徵	赤	言	从	旸	恒	肺	义	羽	九	南	夏	灶	荧惑	赤帝	炎帝	祝融
土	香	甘	宫	黄	思	睿	风	嵩	心	礼	嬴	五	中央	土用	中霤	填星	黄帝	黄帝	后土
金	腥	辛	商	白	听	聪	寒	华	肝	智	毛	七	西	秋	门	太白	白帝	少昊	蓐收
水	朽	咸	羽	黑	貌	恭	雨	衡	肾	信	介	六	北	冬	行	辰星	黑帝	颛顼	玄冥

典籍及文章

典籍文章
《诗》

《书》

《易》

《春秋》
《周礼》
《仪礼》

《礼记》

《论语》

《孟子》
《荀子》

《老子》
《列子》

《庄子》

《墨子》
《晏子春秋》
《管子》
《商子》
《韩非子》

《素书》
《孙子》
《吴子》

中国典籍最古者,为《诗》、《书》、《易》、《春秋》。《诗》者,周诗之歌也,有三类,曰国风,曰雅,曰颂。国风,诸国之歌谣。雅,燕飨朝会之乐歌。颂,宗庙之乐歌。今存者三百五篇。雅、颂作者,大抵周名臣也。《书》又名《尚书》,上古史官记大政大事者也。《夏书》四篇,在四千年前,为世界第一之古书。其次《商书》五篇,《周书》十九篇,合二十八篇,文辞皆极奇古。《易》者,蓍筮之书也,列记卦爻之辞,以示吉凶,相传以为周初之作,故曰《周易》。有传十篇,谓之《十翼》,盖孔子好《易》之所加也。《春秋》者,鲁史记也,孔子笔削之。其文章谨严,而叙事评论兼优,儒者重之。《礼》有《周礼》、《仪礼》、《礼记》,谓之《三礼》,皆成于战国,或汉初,并《易》、《书》、《诗》、《春秋》而曰五经。《周礼》拟周制,叙天地四时六官之职事。《仪礼》因古礼遗文,记冠昏、丧祭、燕射、朝聘之礼。《礼记》汇集诸儒杂著者也,多论礼制之义。《礼记》四十九篇,中有《大学》、《中庸》二篇,俱论修身治人之道,词理精严,宋儒表出之,以配《论语》、《孟子》,谓之四书。《论语》二十篇,孔子及门弟子之语,而言简意远,最足知孔子之天品性质。又《孟子》之俊爽,《荀子》之横劲,皆为一代之大文。

《老子》,老子所著,玄妙深奥可掬。《列子》、《庄子》亦可喜,而《庄子》比《列子》更极一层灵妙变化,恰如神马之翔空,实天下之至文也。此三书,道家尊奉之,号为真经。

《墨子》一书,出乎天天,入乎人人,非浅识者所能望其项背。《晏子春秋》亦墨之名著。法律之书,有《管子》、《商子》、《韩非子》。就中《韩非子》之书,为一世之杰作。其文章离仁义道德之说,而穿事情,切时弊,文气峭深,有奇骨,变化离合,极其绝妙,恰如大海之波澜卷天,实天下之奇文也。

兵法之书,有黄石公《素书》、《孙子》、《吴子》、《尉缭子》、《司马兵法》等。《孙子》十三篇,如《始计》、《用间》、《作战》、《谋攻》、《形势》、《虚实》等,文辞最极其灵变,简切而劲拔,如千尺断岸巉谷，余皆精妙无比，实宇内之名文。且多格言，故不独兵家尚之，文士亦爱读不措。《吴子》、《司马兵法》、《素书》、《尉缭子》，虽不及《孙子》，然皆雄健而有气力。 《尉缭子》 《司马兵法》

纵横家之书，《鬼谷子》最著，其文见理明，揣权审，精确而无卤莽之失。虽后人或称其出于假托，然其文章纯是战国气象。 《鬼谷子》

其史传则《左传》、《国语》、《战国策》最妙。《左传》虽失于浮华，然精绝疆博。《国语》典丽而雅洁。至《国策》之文章，横健雄骏，奇气突突，最为可听。 《左传》《国语》《战国策》

其辞赋则屈原为巨擘。战国学士，长于论辨而乏雅趣，古乐已坏，无复雅颂之作。独屈原以辞赋著，其《离骚》之辞，凄惋动人，怨而不恚，绍风雅之遗响，为后世辞赋之祖。屈原，楚世家也，为怀王左徒，志洁行廉，明于治体，王甚任之。后以谗见疏，作《离骚》以自怨，顷襄王又迁之于江南，竟投汨罗而死。 屈原之《离骚》

此外邹子、慎子、尹子、宋玉、鹖冠子诸子，皆以文辞鸣于一时。盖中国文学之英华，钟于春秋战国之间，人智之活动，亦以此时为盛。故文运勃兴，诸子百家，各各出新见，不敢蹈袭前人，争其主义于众疑之间，竞其理论于群难之际，不拘执于一方，以振作进取之精神，而辟新学术天地。譬如艳阳之天，芳云一抹，香霭千里，花团锦簇，红魂紫魄争其美，岂非天地之绝观乎。

今日欧洲各国之文明，其始无不祖于希腊。希腊文学之盛，其诗歌之精妙，度曲之优长，不待言矣。如哲学、理学、经济、博物、算法等学，皆为列国所则。当时罗马之基改罗云：欲修辞令之学者，必往学于希腊。希腊自耶稣降生前千二百年（中国纪元前九百十年）至二百年（中国纪元三百五十五年），其著名学士，前后凡八百六十三家，至今日犹传诵不绝，岂世运之说有足据乎？不然，何其地绝东西，种殊黄白，而学术之全盛时代，如斯之相等也。 希腊学风之盛

三　宗　教

宗教　　　　世界通例,茫昧荒漠之世,其思想之趋向,大抵不外神道设教一大端。故欲观上古宗教之本,须知上古人民浑噩,思想单简,神道实占其一大部分。据《支那上古宗教考》云:以祭天为第一宗教思想,以敬神为第二宗教思想。其大略述之于左:

（一）神能监视下土,注意于帝王之行为,以降祯祥灾异,而其神则茫漠无稽。

（二）天神之下,则为群神。天地间万物,皆有精灵以主之,依然不能脱多神教之范围。

（三）政策上,祭祖之事,行之最早。灵魂不死,死后悉为天神,而无地狱之说。上古巫教盛行,假医术以播宗教种子于民间,然必称曰神巫,以符神道之义。

四　美　术

印刷

印刷　　　　上古学术虽盛,而印刷之术尚未发明。又不知制纸之法,惟以革编简,以漆书文字。惟卷其竹简,而后分其次第,以为卷之一二。

文具

文具　　　　笔发明于上古时,如《卫诗》彤管与书,《曲礼》亦有笔字。孔子作《春秋》,绝笔获麟。《五杂俎》太公有笔铭,观毫毛茂茂,陷水可脱,陷文不活,而可知矣。

战国时有薛稷者,始作墨。

周宣王时,太史籀作大篆,又曰籀文。

大篆

绘画

中国之绘画，以精彩之光泽，发挥最优美之理想者也。绘画殷武丁画傅说之像，以搜求于四方，其进步可知，而画人物者，亦自此始。至周有司绘之职，掌绘画之事，大奖励之，发达愈促。春秋末，有叶公之大画家出，尝画龙，意匠妙绝，想像神奇，所谓心画求风采而不求形似，与造化同其趣。此世界各国之画风所不及，而为中国特有之长技也。

建筑

夏初，乌巢氏制砖，昆吾氏制瓦，作家屋，用茅茨，又知建筑筑土阶。桀兴，创制瓦屋之宫室，其术颇发达。至殷，社会一般改住居之体者居多，如纣乃营壮大可惊之宫室台榭。及周兴，王宫及门（五门：皋、库、雉、应、路）、寝（六寝、路寝一、小寝五）等之造作大进，立内朝外朝之别。当时士庶人，亦住完全之家屋。屋内分数室，坐卧用筵，故入门时，须脱履于户外。

雕刻

雕刻始于舜刻玺时。至周，颇著进步，置雕人之官，掌雕刻之事。又民间有玉人者，巧于雕刻宝石珠玉等。鲁人臧文仲刻节于山，刻藻于棁，又有刻桓公之宫桷等，然其制作品中之最著名者，曰卞和璧，价值百万金，至有割数城而求之者。

宫殿之图

音乐

上古为音乐极隆盛之时代，当时以音乐为教育之要具，音乐列于六艺之一，上自太学，下至乡党小学，无不讲习之。夏作《大夏》之乐，殷作《大濩》之乐。至周，武王作《大武》之乐。又周公制礼乐，为治天下国家之大本，由是音乐更一大

乐器之图

进化。州鸠、师挚、师襄、师旷,实当时音乐家之泰斗。乐官有大司乐、小司乐之官,掌舞乐之事。又有大师、小师、大胥、小胥、磬师、钟师、笙师、乐师等官,皆掌音乐界事务。凡祭神,必奏舞乐。

因其神之位置,而各异其舞乐,即祭天神,舞《云门》,祀地神,舞《咸池》,祭四方,舞《大韶》,祀山川,舞《大夏》,享考妣,舞《大获》,祭先祖,舞《大舞》。乐器分金、石、丝、竹、匏、土、革、木八音。金为钟,石为磬,丝为弦,竹为管,匏为笙,土为埙,革为鼓,木为柷。而钟有颂钟、编钟、悬钟之类。弦有琴、瑟之类。鼓有建鼓、雷鼓、鼗鼓、靁鼓之类,磬有悬磬、编磬之类。又有鞀、埙、金埙、金镎、金镯、金铎等。

乐调分宫、商、角、徵、羽五音。宫声重,商声敏,角声轻,徵声繁,羽声聚。

织物

制绢及麻丝之法颇发明。绢有绫罗,麻布有绨绤,其种类甚多。当时有掌染草之官。以染草染各丝类。又用石灰浸丝之法,及施绣箔于布帛之法,皆已行。

五 风 俗

上古人民之气质

风俗者,随时势而殊异者也。自夏至周,其间二千余年,人民之气质,各随其时代而变迁。夏当洪水之后,恐和之弊流而轻侮怠慢也,百般事业,以俭素政略,导人民于忠厚,故自然养成忠实之气质。《礼记》曰夏尚忠,其代表言也。至商,惧忠之弊流而为野鄙也,变其风而为质朴,故一般人民自然养成敬重之气质。《礼记》曰殷尚质,其代表言也。然质易倾于愚,观春秋时殷后之宋人,其愚风脍炙人口,可知矣。 夏民之气质 商民之气质

周兴,悚质之弊流而为顽愚也,教之以礼乐,启之以文物,于是天下靡然向文化,有优美之气质。《礼记》曰周尚文,其代表言也。 周民之气质

泊于春秋,社会渐渐纷扰,或因诸侯之土地之迁嬗侵夺,而文风有种种变异,即如楚人轻果,秦人劲武,齐人儇慧,盖地理人事之影响于风俗,如此其深切著明也。 春秋人民之气质

战国而降,中原文雅,变为活剧场,人人自由,人人平等,得自伸其才力,自输其智识,以进化于文明,于是朝野社会,养成一活泼大有为之风矣。 战国人民之气质

上古风俗画

人民阶级之区别

人民之区别　中国古俗，甚重世系，又夙分人民为士、农、工、商四级。周时，以封建世禄之制益备，诸侯之臣下，皆为世臣，人民四级之别益严，决不可逾。故士之子常为士，农之子常为农，工商之子常为工商，有世袭之等格。虽然，又设特别例，凡聪慧异常者，可由农、工、商之人格而升为士。士者，研究一般关系于政教之事务，而预备为卿大夫者也。然及于春秋战国，此等阶级皆破坏，人人有读书自由之权，起自庶人而为将相、公卿、游士者，前后踵至，不绝如缕矣。

家族直接之关系

家族政治　中国家族政治，自太古已严格，至上古而压制更甚。盖儒家最注心力于此，定其教义，正父子兄弟之道，明长幼贵贱之序，严男女之别。一家之内，子必从父，妇必从夫，弟必从兄。虽有极重大极紧要之事件，不能破范围而违其节制，否则加以犯分之恶名，定以不孝不恭不顺之大罪。又男女年至七岁以上者，不得共席，一切物品，不可交相授受。

> 国史氏曰：我国今日之为奴隶国，岂偶然哉，上古家族政治，自髫龄以至强壮，自贫寒以至贵族，无人不受重重压制，无时不蒙种种压制，如草木之压于岩石然，虽有正直坚劲之质，不能森森生长。余于是不能不痛恨作俑者之养成此奴隶性质，而传谬种于独立自营之世界矣。

衣服

衣服　上古衣服制造，颇有改良进步之观。当时朝廷置缝人，使为衣服之裁缝，大抵画动植物之模样，而次第其贵贱，如诸侯由爵位而异其服色，祭服亦由种类而异其礼式。天子祭天神时着羔羊之裘，享先王时着衮龙之衣，飨先公为飨射时着画雉子之衣，祀山川时着画虎蜼之衣，祭社稷及五祀时着缝粉米模样之衣，祭群小祀时着玄衣。又公侯伯子男以下皆有等差，然此等衣服，皆有上衣下裳之别，袖宽裾博，即士农工商，亦无不相同。

当时衣服材料,绢布为普通货,而皮裘最贵重。 衣料

冠冕

夏用收及母追,殷用日月皠及章甫,至周有冕雀弁委貌 冠冕
等数种。

饰具

男女日日必要之具,佩于左右腰部者,曰纷(拭器之巾)、 饰具
蜕(手巾之类)、刀砺、燧等。又头部之饰,男子当小儿时,二
分其头发而结之,曰弁髦。及长,以黑布裹发,或以帛束发而
垂髻于后。女子二十,以髻束发,插栉笄等类。

饮食

例食,每日三回,多用谷类蔬菜等。谷物多蒸而食,蔬菜 饮食
多用羹。又食肉之风亦盛行,鱼鸟牛豚羊,称五鼎之食,当时
人民最嗜好云。又马鹿熊狼之类,亦多捕而食之。其调理之
法,均用脂肮。至周时,朝廷有膳夫之官,掌天子食膳之事。
其他庖人掌料理,烹人掌烹煮。

饮物有酒、醴、浆涪等。酒系夏后时仪狄之发明,周时有 酒之起原
杜康者,更改良其制造法,大流行于世间,为飨宴之必用品,
朝廷置酒正掌之。醴者,甘酒也。浆涪为食物之附属品。其
外犹有种种饮料。

茶亦发明于上古,周时用之者渐多。齐晏婴甚爱赏之。 茶之起原
又夏月用冰,诗曰:二之日凿冰冲冲,三之日纳于凌阴。凌阴
者,冰室也。周礼有凌人,掌冰正是也。

婚礼

夏商时,与太古无异。至周,始大定其制,称女以姓,男 婚礼
子三十而娶,女子二十而嫁。而嫁娶断不可施于同姓,买妾
不知其姓则卜之,恐其同也。此其理由原出于道德上,自今 同姓不婚
观之,暗与卫生学上忌血族结婚之道相符合。盖同姓婚姻 之原因
者,是骨肉相侵之端,人伦紊乱,与禽兽无异。而以卫生家之
眼观察之,血族结婚,其子孙必愚昧,必懦弱,故异姓则脉血 异姓相婚
甚远,可保其种之特色。且中国之始立国也,群后列据西方, 之原因

不相混和。王者虽能以德与力，尽服九州，然异姓之相竞争，竟不可遏。其于王家，亦非宗藩之亲附无间，而求万邦协和甚难。故由嫁娶以合异姓者，在当时为切要之事，从是历代因仍成俗，遂为不易之法矣。

国史氏曰：男女同姓，其生不蕃，先哲已有卓论。然据今日生物学者之言，则不独同姓之不优而已，于地理之远近（男女不同纬度者，其所产必特佳），种类之异同（以欧罗巴之牝马，交北美利加之牡马，则所产多骏骥等），亦有最大之影响云。

男女之结婚，必有媒氏以交通二家，依彼绍介而举行其仪式者也。今试论其举行之次第。凡娶女先由夫家托赘物于媒氏，纳于其女父，谓之纳采。女父既承诺，则问女之名，谓之问名。媒氏归于夫家而卜其吉凶，若吉则更遣使告之于女父，谓之纳吉。纳吉之式既终，则纳玄纁之帛十端，兽皮（即太古时所用之俪皮）二枚于女父，以为结婚之约信，谓之纳征。由是自夫家请求婚礼之期日，谓之请期。至期，为婿者着礼服，乘黑车，往女家，亲迎其妇，谓之亲迎。

结婚之交涉

太古男女无别，知母而不知父，及嫁娶之礼创，而配偶始定。然一夫娶众妇，妻妾之名义不明。传曰帝喾有四妃，其号惟曰元妃、次妃等，而不言妻妾也。舜娶尧二女为妃，虞思妻夏少康以二姚，亦不闻有嫡庶之分。商代尚无之，及周始有别。王之嫡妻曰后，诸侯曰夫人，大夫曰内子，皆与其夫齐位，群妾莫敢与为匹，于是嫡庶之分始严矣。

嫡妾之起原

诸侯嫁女于列国，使同姓二国以其女媵之，三女皆以侄娣相从。姊妹姑侄，并为列妾。故国君一娶得九女，夫人早死，则继之以媵，或以侄娣，而不再娶。王纳后妃，盖亦如此，而其制不详。王及诸侯，皆以其群妾为内官。王之内官，凡百余人，有夫人、嫔御、世妇等之号，其贵宠者，位视公卿。王立六宫，诸侯三宫，以处众女。至战国时，诸侯拘女益多，大国累千，小国累百，怨气常腾于宫中。

诸侯娶女之制

内官之制

王侯宫庭有宦官者,阉人也。国法罪人有宫刑,故国多 宦官之起原
阉人。因以供宫中使令,或监守群妾,周时谓之寺人,战国以
后谓之中人,又曰宦官。宦官本刑余之人,不得齿于士林,然
常出入宫禁,以得侍王侯,接后妃,动辄用事于中,朝士畏惮
之。齐桓公死而国乱,由寺人专权也。嗣后历朝多蹈其覆
辙,人主皆明知为国害,而不能去之。因其畜私无度,宫掖猥
滥,非用此辈,无可以治内事也。

冠礼

夏商不能详其如何,周时盛行,男子二十而冠,女子十五 冠礼
而笄,表其具成人之资格也。冠礼为礼之始,不可不恭敬行
之。故先卜日之吉凶,而请人举行加冠式。

至期,冠者之父着礼服迎加之人,而使加其冠于子,又
命冠者之字。成人后,自称以名,称人以字。加冠式既终,有
谒亲类之长者及乡大夫、乡先生等之礼。

乡饮酒礼

创始于周,一乡之人相集会而开酒宴,今所谓乡党亲睦 乡饮酒礼
会、恳亲会者,是其遗意也。其主义重相亲睦,相尊敬,明长
幼之序,习宾主之礼。其集会之时,有三年一度者,乡学生卒
业而仕官时,乡大夫为主人,乡之父老为宾客,其中最老而知
礼仪者为上宾,余为众宾。又有一年二度者,州长习射而为
饮也。一年一度者,党正于蜡祭时(祈丰穰之时)开会也。又
乡大夫常会其乡之贤能,而开酒筵。凡宴酒时,乐人奏乐歌
诗,以发扬其志气,盖治国之良法也。

养老礼

养老之礼,始于虞舜,名曰燕礼,夏曰飨礼,殷曰食礼,周 养老礼
并用之。其原因为怜困难之老人,及恤有勋功于国家者而
设,以化万民于慈顺,导万民于孝弟。凡分四种,自五十岁者
始,五十岁以上,每增十岁者,用最殷勤之礼,养之于太学或
小学,然非终身恩给。一年中七回招集之,行其礼,使学士亲
目击之,谋风教之陶冶,与乡饮同为良法。

丧葬

丧礼

　　丧葬仪式,皆整顿于周,由贵贱亲疏,而有种种差别。其用情之厚,世界所未见也。周公立制,节目详备,哭泣擗踊皆有法。人死则必先复,复者呼魂之礼也。次有沐浴、饭含、小敛、大敛之礼。凡居父母君师之丧,上自天子,下至庶人,无上下贵贱之别,皆以三年为定例。父母之丧曰制丧,君之丧曰方丧,师之丧曰心丧。今由亲疏论其差异,父母之丧,着斩衰之服二十五月,谓之三年之丧。其次祖父母、伯叔父母、昆弟之丧,着齐衰之服十三月,谓之期丧。又次为从父昆弟之丧,着大功之服九月。又次为再从兄弟外祖父母之丧,着小功之服五月。又次为三从兄弟之丧,着缌麻之服三月。王崩,群臣诸侯皆居丧三年,嗣王不亲政,谓之谅暗,百官皆听于冢宰。诸侯薨亦准之。

亲疏之异点

葬礼

　　葬式之差别,天子七日而殡,七月而葬。诸侯五日殡,五月葬。大夫士三日殡,三月或逾月葬。而天子葬,同轨悉至。诸侯葬,同盟悉至。大夫士葬,外姻悉至。庶人葬,族党相会。棺椁衣衾,自天子至于庶人,务尽其美。棺厚五寸余,椁称之。而其作法,天子四重,诸侯三重,皆用松。大夫二重,用柏。士庶人一重,用杂木。又自王至士,皆立庙,岁时修祭,以致孝敬,徼福祉,有事必告焉。王有七庙,二祧及四亲庙为三昭三穆,与太祖之庙而七。夏祖禹,商祖契,周祖后稷,皆郊祀配天,其主百世不迁。祧者,迁主所藏之庙也。亲庙亲尽,则迁其主于祧,而致新主于庙。诸侯五庙,无二祧,以太祖之庙为祧。大夫三庙,士一庙,庶人无庙,祭于寝。

贵贱之异点

祭祀

祭祀之礼

　　上古甚重祭祀,尝曰国家之大事,在祀与戎。天地、日月、星辰、山川、林泽,皆神而祭之,不营神祠,不设神像,或作主,或望祭之。天神最尊者,曰昊天上帝,或惟言天。王称天子,谓代天治民也。诸侯灭王而代其位,必称受天之命。王者筑坛于国都南郊,燔柴祀之,以其祖配食焉,谓之郊祀。郊祀者,王之大礼,诸侯以下,不得行之。尊次上帝者为社稷。社土神,后土配之。稷谷神,后稷配之。社稷则诸侯亦得立之。又有州社、里社,盖其所祭之神,与王不同也。又有大采朝日、少采夕月之礼。以日月之食为灾变,孟夏日食,则王为之不举。伐鼓于社,以责群阴。王祭九州名山大川,诸侯祭其境内山川。山崩川竭,及有水旱之灾,则君降服撤乐,祝用币,史用辞,以禜群神。大夫祭宗庙五祀,士庶人祭其祖先。此等之祭有四时,春季曰祠,夏季曰禘,秋季曰尝,冬季曰烝。

　　凡祖考之祭,必选族人,使服死者遗衣服,以象其生时,坐神主之侧,名之曰尸。祭者北面事之,献奠致礼,谓鬼神凭尸来格也。凡祭以牛若羊豕为牺牲,以黍稷为粢盛。王侯行亲耕之礼,以劝农事,取其田之收,以供粢盛。后夫人行亲蚕之礼,以劝蚕事,缫其茧丝,以为祭服。此二礼历代帝后多遵行之,至今不废。

> 　　国史氏曰:法人拉飞德之《支那文明论》云:支那之祭祀,不独表安心立命的恭敬而已,于道德之基本,文明之进步,有大影响焉。虽然,祭祀者,行其当然之道,无所于求,何所为报,则善矣。若以为万事万物,生存消灭之权,皆由天命,乃迷信之。一遇福,曰天所以报我之善,一遇祸,曰天所以报我之不善,则祭祀之混浊脑筋,岂不甚可畏哉。

仙术之臭味

　　战国时,燕人宋毋忌、羡门子高之徒,称有仙化之术,怪僻之士争传习之,且言海中有三神山,曰蓬莱、方丈、瀛洲,诸仙人及不死之药皆在焉。齐威王、宣王、燕昭王,皆信其言,至使人入海求之。自是神仙之说,浸染于人之脑中,燕齐海上多方术士。

仙术之起原

名姓氏族之辨别

　　夏禹之世,有名有姓,而无字与谥,亦无氏,贵贱皆呼其

字之始　　名，不相讳。至周世，呼字之俗起。丈夫二十，冠而命字，无称名者，惟于臣子及幼贱者，名之。

谥之始　　谥法亦自周始，人死则诔其行以立谥，而讳生时名。有物与死者同名，臣子必易其物名。秦始皇一废谥法，汉寻复之。周汉之际，制谥用一二字。唐宋以来，帝王谥号，字数益多，至累二十余字。且君父之名，虽生时讳之，并同音之字尽避之，此周制所未有也。

姓氏之意义　　姓者生也，所以明世系所出而别种族也。氏者犹家，所以表家门也，故一姓分为数十百氏。姓之起在太古，据古史，五帝皆有姓。唐虞时，种族甚多，有百姓之称。及周兴，姬姓繁衍于华夷，异姓渐绌，然犹有二十余姓。周衰，姜、芈、妫、嬴踵兴，与诸姬相轧而他姓愈微。

氏之起原　　氏始于以地名冠名，自周以前亦有之，然非人人必用之。周时，王子、王孙、公卿、诸侯，大抵以国邑为氏，后裔虽亡其地，亦袭称之。诸侯子孙，称公子公孙，公孙之子，以王父字为族。世臣率以邑为族，官有世功，则有官族。族者，氏之支别也，通谓之氏。男子冠名以世而不称姓。姓者妇人所称也，故其字多从女，如姬、姜、妫之属。及战国时，妇人亦不称姓，而姓之用废。自是谓氏族曰姓，姓与氏无有异义。

世系之势力　　古俗甚重世系，群姓皆称神圣之裔。唐虞大臣，如禹、皋、陶、稷、契之属，皆出于名族。唯在商也，伊尹傅说，由匹夫升为宰辅，实为骇世之事。至周世，封建世禄之制益备，王朝公卿，莫非有土之君，诸侯执政，亦皆世臣，成例相沿，视为当然。士庶人各守其业，虽有俊杰，不得进为卿相。以孔子之贤圣，一用于鲁，亦不过位大夫，积弊渐甚。暴君滥用世传之权力，强臣大族又杀戮相仍，祸乱无已，民苦水火，其势不得不变。数百年间，诸侯吞灭殆尽，其卿大夫亦兴亡益促，于是吴起、孙膑、乐毅、廉颇、白起、王翦等，白身而为将，苏秦、张仪、范雎、蔡泽、蔺相如等，徒步而为相卿，相之位不复属世家之专有，此古今国势之一大变局也。

六　实　业

农业

上古民业,以农务为最重,上下皆视为立国之根本而力用之。至周更大进步,设草人、稻人、司稼等官,监督农事。人民,夏授田五十亩,殷授田七十亩,周授田百亩,然其实广大相同,仅变其名耳。当时多作稻、麦、黍等,肥料用牛马类之粪尿。其次曰牧畜。周礼以九职任民,其四四薮牧,亦可见牧畜之次于农矣。

如秦始祖非子,以管牧畜之功封侯,大圣孔子,其初为委吏,掌牧畜。其次曰养蚕。夏后氏以来,益赴盛大,就中兖州之地,以此业著名。至周时,如豳、秦、郑、鲁、齐诸国,上下妇女,共从事于采桑饲蚕,而及茧时,收茧税。又农具亦颇发明,如钼及镰,夏商已行于世。及周,鲁有般输者,发明碹及磨等,故碾谷之法亦颇精矣。

工业

当时工业亦甚发达,殷有金、石、土、木、兽、草六工官,其驰名于世者,曰纣时所作之玉杯象箸。周有攻木、攻金、攻皮、设色、抟埴诸工,制作之精巧,不堪惊叹。鲁大夫孟庄子作锯及凿,越王勾践以范蠡之去也,用金属铸造其象,皆名世之绝技也。又作车法、造弓法、制漆法,皆已发明。又干将之莫邪剑,其精良脍炙于人口。

商业

夏商不甚发达,周初以政府之干涉,愈阻其进步。然至于春秋战国,一切专制政治、干涉政治,均被破坏,于是通商自由,豪商巨贾往往纵横中原。如郑商弦高,且能以身救国。子贡废著述,货殖于曹、鲁之间,结驷连骑,以聘享诸侯,所至国君,无不欢迎。而阳翟大贾吕不韦,至养说客数千,著《吕氏春秋》。当时商业之繁盛,可想见矣。

农务

肥料

牧畜之盛

养蚕

农具

工作

商业

春秋战国之发达

第八章　上古之社会

　　国史氏曰：太古以前，未开之社会也。由太古至于上古，渐开之社会也。上古开化之度，分为三期：第一期为夏商，片光残影，欲暗欲明，半开之社会也；第二期由周初至于春秋，罗罗辉点，星雾一团，由半开而至于开明之过渡时代之社会也。自春秋至战国末，电光异彩，闪闪惊人，大白启明，灿烂万丈，盖大开明而新奇可爱之社会也。夫欲造成一完全优美之社会，必破坏一切旧社会而后能奏效，欲破坏一切旧社会，则非涌出震骇人间世之大反动力无所凭藉。故大反动力者，组织完全优美之社会之原因也，而完全优美之社会，则为反动力之结果。夏承洪水之灾，商适夏桀之乱，其反动力之影响最纤微。然因之与果，互相为密切之缘，苟无此反动力，则夏商断不能造半开之社会，盖天演间无无价值之物也。周当商纣之暴虐，以巨大军队精神扫荡之，又灭国者五十，其反动力较夏商颇大，故由半开而达于全开之岸。洎春秋战国之世，血风肉雨，孕育中原，争乱之激烈，洵空间时间所未见。如此稀世之激乱，故反动力不得不现出稀世之盛势。反动力既达于极端，此所以百种学术一时勃兴，人民智识一概发达，演极惨极雄极壮之活剧，以放一大特彩，为全世界之巨观也。凡学史者，仅着眼于时势之表面，事实之皮毛，而不究其无形界之原因如何、结果如何，则社会之关系不能晓。仅注意于帝王之仁暴智愚，将相之劲脆贤不肖，而不输热心，以熟察全国人民之生活如何、运动如何，普通学识如何，则社会之进步发达与黑暗昏冥，均茫昧无据矣。愿读者其察之。

第九章　上古之国民

　　国史氏曰：国民之进化，与社会之进化，二其形质而一其精神者也。国民者，个人之资格也。社会者，积无量数国民之集合体也。故国民庸愚则社会自然昏暗，国民灵慧则社会自然光明。而庸愚若灵慧之原因，亦由原动力与反动力之有无大小所致。夏商反动力之影响，既如前所言，而原动力尤不一睹。夏尚忠，殷尚质，皆蔽国民智慧之总因。故当时国民，日出而作，日入而息，除日用饮食等照例事外，无一有趣意之运动，文化思想，高明见识，殆梦所不能想及。周初，周公多才多艺，颇以开通民智为己任，洗朴陋之风而尚文雅，《诗》、《书》、《礼》、《乐》浸染于国民之脑中，郁郁乎，都都乎，脱野蛮之旧态，有磅礴郁积、一触即发之势。故厉王专制无道，鱼肉国民，钳制其议论，束缚其理想，国民一受此压制，自由精神即油然而发，大起革命军，如法兰西之逐路易十六，更以素所蕴蓄之文明，组织一最善最美之共和政治，为世界创国民革命军创共和政治之鼻祖。春秋战国而后，国民进化之程度愈蒸蒸日上，出其腕力脑力，以破坏万种腐败现状，搏搏大地皆为国民竞争之舞台，由是国家文明之发达，有河出伏流、一泻千里之概矣。

第十章　上古国势要览

一　科学发明表

二　大事一览表

三　帝王承统表

谥号	姓	名	在位	年齿	父	母
夏大禹	姒	文命	二十七	一〇〇	鲧（颛顼子）	未详
帝启	仝		九	九十一	禹	涂山氏
太康	仝		二十九	五十九	启	未详
仲康	仝		十三	未详	启	仝
帝相	仝		二十八	仝	仲康	仝
少康	仝		二十二	六十二	帝相	有仍氏
帝杼	仝		十七	未详	少康	未详
帝槐	仝		二十六	仝	帝杼	仝
帝芒	仝		十八	仝	帝槐	仝
帝泄	仝		十六	仝	帝芒	仝
不降	仝		五十九	仝	帝泄	仝
帝扃	仝		二十一	仝	帝泄	仝
帝廑	仝		二十一	仝	帝扃	仝
孔甲	仝		三十一	仝	不降	仝
帝皋	仝		十一	仝	孔甲	仝

谥号	姓	名	在位	年齿	父	母
帝发	仝		十三	仝	帝皋	仝
帝桀	仝		五十二	仝	帝发	仝
商成汤	子	履	十三	一〇〇	主癸	有娀氏
太甲	仝		三十五	未详	太丁（汤子）	未详
沃丁	仝		二十九	仝	太甲	仝
太庚	仝		二十五	仝	仝	仝
小甲	仝		十九	仝	太庚	仝
雍己	仝		十二	仝	仝	仝
太戊	仝		七十五	仝	仝	仝
仲丁	仝		十三	仝	太戊	仝
外壬	仝		十五	仝	仝	仝
河亶甲	仝		九	仝	外壬	仝
祖乙	仝		十九	仝	河亶甲	仝
祖辛	仝		十六	仝	祖乙	仝
沃甲	仝		二十五	仝	仝	仝
祖丁	仝		三十二	仝	祖辛	仝
南庚	仝		二十五	仝	沃甲	仝
阳甲	仝		七	仝	祖丁	仝
盘庚	仝		二十八	仝	阳甲	仝
小辛	仝		二十一	仝	盘庚	仝
小乙	仝		二十八	仝	仝	仝
武丁	仝		五十九	仝	小乙	仝
祖庚	仝		七	仝	武丁	仝
祖甲	仝		三十三	仝	仝	仝
禀辛	仝		六	仝	祖甲	仝
庚丁	仝		二十三	仝	仝	仝

续　表

谥号	姓	名	在位	年齿	父	母
武乙	仝		四	仝	庚丁	仝
太丁	仝		三十七	仝	武乙	仝
帝乙	仝		三十七	仝	太丁	仝
帝纣	仝		三十三	仝	帝乙	仝
周武王	姬	发	七	九十三	文王昌子	大姒
成王	仝	诵	三十七	五十	武王	邑姜
康王	仝	钊	二十六	未详	成王	未详
昭王	仝	瑕	五十一	仝	康王	仝
穆王	仝	满	五十五	一〇八	昭王	仝
共王	仝	紧	十二	未详	穆王	仝
懿王	仝	囏	二十五	仝	共王	仝
孝王	仝	辟方	十五	仝	仝	仝
夷王	仝	变	十六	仝	孝王	仝
历王	仝	胡	三十七	仝	夷王	仝
宣王	仝	靖	四十六	仝	厉王	仝
幽王	仝	宫涅	十一	仝	宣王	姜民
平王	仝	宜臼	五十一	仝	幽王	申侯女
桓王	仝	林	二十三	仝	洩父	未详
僖王	仝	佗	十五	仝	桓王	仝
庄王	仝	胡齐	五	仝	庄王	仝
惠王	仝	阆	二十五	仝	僖王	仝
襄王	仝	郑	三十三	仝	惠王	仝
顷王	仝	壬臣	六	仝	襄王	仝
匡王	仝	班	六	仝	顷王	仝
定王	仝	瑜	二十一	仝	仝	仝
简王	仝	夷	十四	仝	仝	仝

谥号	姓	名	在位	年齿	父	母
灵王	仝	泄	二十七	仝	简王	仝
景王	仝	贵	二十五	仝	灵王	仝
敬王	仝	丐	四十四	仝	景王	仝
元王	仝	仁	七	仝	敬王	仝
贞定王	仝	介	二十八	仝	元王	仝
考王	仝	嵬	十五	仝	贞定王	仝
威烈王	仝	午	二十四	仝	考王	仝
安王	仝	骄	二十六	仝	威烈王	仝
烈王	仝	喜	七	仝	安王	仝
显王	仝	扁	四十八	仝	仝	仝
慎靓王	仝	定	六	仝	显王	仝
赧王	仝	延	五十九	仝	慎靓王	仝
东周惠公	仝	班	六	仝	惠公	仝

　　右表中夏帝相后寒浞夺位四十年,以暴易暴,不表周厉王后国民大革命行共和政治十四年,此我国四千五百余年历史之特彩不表。

东新译社开办之原由及其特质

　　现今通常编译社之组织不下数十矣，然或草率编纂，无优美完全之价值，或译外国教科书，以充国民读本，皆于学界之进化、国魂之发达无丝毫影响，而反生大障碍者也。本社同人痛国家之脔割，愤种族之犬羊，忾然创办东新译社，就我国之性质上习惯上编辑中学校各种教科书，熔铸他人之材料而发挥自己之理想，以激动爱国精神、孕育种族主义为坚确不拔之宗旨。虽算术、几何亦多含爱国爱种之分子焉，诚不仅为学界放一大特彩，且能令国民易达其目的也。我国志士仁人以教育四万万同胞为己任者，其有实获我心之感乎？

湖南新化东新译社社员同启

东新译社编译普通学教科适用全书目次

东新译社已译图书

希腊罗马史　宫川铁次郎著

东洋历史地图　桑原隲藏著

世界读史地图　依田雄甫编纂

东新译社已刊《中国文明发达史》广告

　　是书原名《支那文明史》，日人白河次郎、国府种德合著，将中国四千年来所谓形而上、形而下之种种质点，支配于区区小册子中，而稽考其起原、发达、变迁、进化之大势，评判之论断之，其尤有特色者，看破中国专制政治、奴隶学术之真相，屡发卓议痛诋，诚救中国之良药也。今经黑风氏精心撰译，大有青青于蓝之观，学界爱国儿当如何欢迎之也。

图书在版编目(CIP)数据

中国历史.上卷/横阳翼天氏编译;李孝迁整理.
--上海:上海古籍出版社,2020.9
(中国近代史学文献丛刊)
ISBN 978 - 7 - 5325 - 9720 - 8

Ⅰ.①中… Ⅱ.①横… ②李… Ⅲ.①中国历史
Ⅳ.①K20

中国版本图书馆 CIP 数据核字(2020)第 151725 号

中国近代史学文献丛刊
中国历史(上卷)
横阳翼天氏 编译
李孝迁 整理
上海古籍出版社出版发行
(上海瑞金二路 272 号 邮政编码 200020)
(1) 网址：www.guji.com.cn
(2) E-mail：guji1@guji.com.cn
(3) 易文网网址：www.ewen.co
浙江新华数码印务有限公司印刷
开本 635×965 1/16 印张 14.5 插页 6 字数 209,000
2020 年 9 月第 1 版 2020 年 9 月第 1 次印刷
ISBN 978 - 7 - 5325 - 9720 - 8

K·2885 定价：68.00 元
如有质量问题，请与承印公司联系